Collection Santé Psycho-Sociale

Stéphanie Haymoz
Michael Reicherts

Vivre et réguler ses émotions
Modules d'intervention

Manuel pour conseillers

Impressum

CIP-Titelaufnahme der Deutschen Bibliothek
Stéphanie Haymoz, Michael Reicherts
Vivre et réguler ses émotions – Modules d'intervention
Manuel pour conseillers

Collection Santé Psycho-Sociale
Directeur : Prof. ém. Dr. Michael Reicherts

Coburg: Edition ZKS-Verlag
Tous droits réservés.

© 2015 Edition ZKS-Verlag

Cover-Design : Leon Reicherts
Rédaction technique : Tony Hofmann

ISBN 978-3-934247-80-2

L'édition ZKS est la filière francophone de la "ZKS-Verlag", une structure au sein de la "Zentralstelle für Klinische Sozialarbeit (ZKS)"
UG (haftungsbeschränkt), HRB Nummer 5154
Directeurs : Prof. Dr. Helmut Pauls et Dr. Gernot Hahn.

Adresse:
Edition ZKS Verlag
Zentralstelle für Klinische Sozialarbeit
Mönchswiesenweg 12 A
D-96479 Weitramsdorf-Weidach

Contact:
info@zks-verlag.de
www.zks-verlag.de/edition-francaise
Tel./Fax (09561) 33197

Associés / Gesellschafter der ZKS :
- IPSG-Institut für Psycho-Soziale Gesundheit (gGmbH) – Wissenschaftliche Einrichtung nach dem Bayerischen Hochschulgesetz an der Hochschule Coburg, Staatlich anerkannter freier Träger der Jugendhilfe, Mitglied im PARITÄTISCHEN Wohlfahrtsverband. Amtsgericht Coburg. HRB 2927.
    Geschäftsführer: Dipl.-Soz.päd.(FH) Stephanus Gabbert
- Dr. Gernot Hahn
- Prof. Dr. Helmut Pauls

Les auteurs :

Dr. phil. Stéphanie Haymoz, lic.phil., Psychologue FSP, Psychothérapeute en formation, Chargée de cours, Département de Psychologie, Université de Fribourg / Suisse.

Prof. em. Dr. phil. Michael Reicherts, Psychologue diplômé, Psychologue spécialiste de la santé FSP, Département de Psychologie, Université de Fribourg / Suisse et Unidistance / Suisse.

Table des matières

1. Introduction : Travailler avec l'Ouverture émotionnelle — 9

2. Le modèle de l'Ouverture émotionnelle et ses dimensions — 17
   2.1. Représentation cognitive des émotions (REPCOG) — 17
   2.2. Perception des indicateurs émotionnels internes et externes (PERINT et PEREXT) — 18
   2.3. Communication des émotions (COMEMO) — 20
   2.4. Régulation des émotions (REGEMO) — 21
   2.5. Restrictions normatives de l'affectivité (RESNOR) — 23

3. Les outils d'évaluation — 26
   3.1. Dimensions de l'Ouverture émotionnelle (DOE-20 et DOE-36) — 26
   3.2. Inventaire de techniques de régulation des émotions (DOE-IT) — 27
   3.3. L'auto-observation avec « Learning Affect Monitor » et DOE-self-monitoring (LAM-DOE) — 29
   3.4. L'évaluation des buts à atteindre (EBA) — 32

4. Les modules d'intervention — 34
   Pré-séance en setting individuel — 35
   Module 1 : Module d'introduction — 36
   Module 2 : Représentation cognitive des émotions — 43
   Module 3 : Perception des indicateurs corporels internes et externes — 49
   Module 4 : Communication des émotions — 55
   Module 5 : Régulation des émotions — 61
   Module 6 : Régulation des émotions II et Séance préparant à l'avenir — 65

5. Bibliographie — 69

6. Documents de travail — 75

1. Introduction : Travailler avec l'Ouverture émotionnelle

Le présent manuel a été développé sur la base d'un modèle portant sur le traitement affectif, appelé « Ouverture émotionnelle » (Reicherts, Genoud & Zimmermann, 2012). Ce modèle permet de concevoir le vécu affectif, le traitement et la régulation des émotions pour évaluer, modifier et améliorer le fonctionnement émotionnel de la personne.

Modèle et interventions scientifiquement développés et validés

Issu des projets de recherche en psychologie clinique et de la santé, le manuel repose sur une série d'études empiriques qui mettent en évidence la structure du modèle et son importance dans le domaine clinique et différents champs d'application, tels que le burnout, le couple ou la relation d'aide (Reicherts, 2007 ; Reicherts, Genoud & Zimmermann, 2012).

Les interventions manualisées : un standard en psychologie clinique

A l'heure actuelle, les interventions « manualisées » sont devenues la référence / le standard en psychothérapie, en psychologie clinique et en psychologie de la santé (*e.g.*, la thérapie cognitive de la dépression (Beck, Rush, Shaw & Emery, 1979), la thérapie dialectique comportementale (Linehan, 2000) ou la « Mindfulness-based Cognitive Therapy » (Segal, Williams & Teasdale, 2002) ; pour un survol voir Haymoz, 2014). Il s'agit de modules structurés, comprenant des étapes et conditions de travail, des exercices et tâches bien définis pour les conseillers et les clients, présentant toute l'information nécessaire pour leur réalisation, le contrôle et les feedback – et dans leur ensemble présentés d'une manière didactiquement accessible. Les manuels permettent de suivre un fil rouge bien défini, en optimisant la démarche, mais tout en permettant d'adapter le travail aux détails et aux besoins des individus participant aux interventions. On utilise de préférence des manuels ayant fait preuve de leur efficacité tels que le présent manuel (Haymoz, 2014).

Manuel reposant sur un modèle compact et bien étayé

Le manuel avec ses modules et exercices reflètent les dimensions du modèle et les composantes élémentaires de l'intervention portant sur le vécu affectif et ses modifications, réunis dans un modèle-cadre de l'intervention (Reicherts, Pauls, Rossier & Haymoz, 2012). Dans ce modèle-cadre, nous avons formulé différents buts et conçu des interventions pour les atteindre (élémentaires ou complexes) – aussi en adaptant des interventions existantes – permettant de modifier / améliorer le traitement affectif de la personne.

Interventions cognitivo-comportementales et expérientielles

L'approche de l'intervention que nous proposons ici s'inscrit dans le courant cognitivo-comportemental (y compris sa « troisième vague » ; Cottraux, 2014). En même temps, elle est combinée avec l'approche focalisée sur l'émotion (« emotion focused therapy » ; Greenberg, 2007). Par conséquent, nous avons développé un certain nombre de techniques cognitivo-comportementales et « expérientielles » spécifiques, exclusivement pour cette approche qui intègrent le modèle-cadre de l'intervention (ses étapes, buts, interventions et exercices). Nous retrouvons également certains principes de travail et techniques existantes dans d'autres manuels, mis ensemble, adaptés et re-conceptualisés au sein de ce même modèle. Ces liens et références sont rendus explicites pour que le lecteur, praticien, conseiller ou thérapeute, puisse repérer ces notions et méthodes existantes, profiter de ses propres expériences et aller plus loin dans la lecture (voir p.ex. Haymoz, 2014).

Interventions pour l'Ouverture émotionnelle « efficaces » et « efficientes »

Le manuel a été évalué dans plusieurs études d'intervention. Il a fait preuve de son *efficacité* (Haymoz, 2014), avec des effets importants et cliniquement significatifs. De plus, il présente aussi une *« efficience »* – un taux effet / coût – tout à fait intéressant, étant donné la possibilité de l'appliquer dans des *groupes d'intervention* / contexte groupal, le *nombre de séances* restreint et le nombre et l'intensité d'effets qu'il arrive à produire auprès des participants.

Aide aux problèmes affectifs en clinique ou en épanouissement personnel

La présente version du manuel s'adresse aux sujets « tout-venant » souhaitant effectuer un travail de développement personnel visant une amélioration de leur vécu et traitement affectifs, mais aussi aux personnes souffrant d'un trouble d'ordre émotionnel (« emotional disorders » ; *e.g.,* troubles de l'humeur, anxieux, alimentaire, problèmes de dépendance). En effet, bien que la plupart des études sous-tendant le présent programme d'intervention se réfèrent essentiellement à des sujets tout-venant, il existe nombre d'autres recherches démontrant la pertinence du modèle « Ouverture émotionnelle » dans le domaine clinique (*e.g.,* troubles anxieux, troubles de la dépendance, de somatisation ou burnout, pour une revue, voir Reicherts, Genoud & Zimmermann, 2012 ; de même en travail social clinique, *e.g.,* Reicherts, 2014).

Manuel et outils diagnostiques

Le manuel comprend également plusieurs outils diagnostiques issus du même modèle : le questionnaire « DOE » (Reicherts, 2007), l'inventaire « DOE-IT » (Reicherts & Haymoz, 2011) et le « DOE-Self-Monitoring » (Reicherts, 2007 ; Reicherts & Genoud, 2012). Ces outils « sur mesure » servent à établir ou à soutenir le diagnostic initial, à accompagner certains exercices et tâches à domicile ainsi qu'à évaluer le traitement affectif et les stratégies de régulation des émotions, telles qu'utilisées dans la vie quotidienne également. Ils aident ainsi à retracer les changements individuels suivant le traitement.

Manuel et livre de référence

Le manuel serait, de préférence, à utiliser en lien avec le livre / guide pour praticiens « *L'Ouverture émotionnelle : une nouvelle approche du vécu et du traitement émotionnels* » (collection émotion, intervention, santé, Editions Mardaga, Bruxelles ; dirigé par Reicherts, Genoud & Zimmermann, 2012) pour avoir recours aux fondements théoriques, aux divers applications, outils et exemples. Ainsi, l'usage du livre permet de mieux comprendre, expliquer et mieux interpréter certains processus et résultats lors du travail pratique, comprenant le diagnostic préparatoire, les séances en groupe et leurs exercices ou les tâches à domicile.

Travailler en groupe

Le programme d'intervention est conçu pour le *travail en groupe*. Les groupes sont fermés et de petite taille, idéalement entre six et huit participants, permettant ainsi généralement un fonctionnement groupal cohésif et favorisant les interactions entre membres, la participation et l'engagement. Les groupes sont menés par deux thérapeutes (co-thérapie) afin d'aboutir à des niveaux d'observation et de réflexion plus élevés et qu'ils puissent se compléter et se soutenir dans la conduite du groupe et des exercices. Les six séances de deux heures (avec 15 minutes de pause) ont lieu sur six semaines, à savoir à une fréquence hebdomadaire. Le setting groupal offre différents avantages dans la réalisation de certains exercices : *e.g.,* d'enrichir les expériences affectives dans l'ici et le maintenant au sein du groupe, de connaître différentes manières et contenus du traitement affectif, d'exprimer et de partager un vécu affectif (« sharing of emotions »), de s'entraîner à l'acquisition ou à la consolidation de certaines compétences sociales (*e.g.,* observer l'expression affective), de profiter de l'apprentissage par autrui et de l'apprentissage par modèle (« modelage »). De plus, ce setting facilite la conduite des jeux de rôles, dont leur importance est soulignée dans un tel travail. Il est à noter que le manuel peut également être utilisé en setting individuel. Dans ce cas, le thérapeute participe aux jeux de rôles et exercices.

Quelques mécanismes de modification et principes du travail

Différents moyens psychologiques et processus d'apprentissage ont été identifiés dans les interventions psychothérapeutiques. Selon Perrez et Baumann (2005), sept types peuvent être mis en exergue, à savoir, (1) l'habituation par les exercices ou l'entraînement (*e.g.,* répétitions, modelling), (2) la confrontation aux déclencheurs (notamment anxiogènes), (3) les réactions positives ou négatives verbales et non verbales du thérapeute, (4) le thérapeute pris comme modèle, (5) les moyens cognitifs, (6) les méthodes psychophysiologiques et finalement, (7) la relation thérapeutique. Ces différents mécanismes sous-tendent notre programme également. En effet, de par les exercices proposés en séance portant sur les différentes dimensions de l'Ouverture Emotionnelle, les tâches à domicile et le remplissage répété des carnets de bord, les participants s'entraînent à porter attention et à traiter leur vécu affectif. Les tâches à domicile représentent aussi un moyen d'assurer le transfert et le maintien des acquisitions en dehors des séances d'intervention.

Le deuxième processus cité fait également partie intégrante du programme. En effet, chaque participant est amené à se confronter et à apprendre à rester en contact avec son vécu affectif et ses composantes, notamment physiologiques.

Troisièmement, les conseillers qui animent les groupes ont pour tâche explicite de fournir régulièrement des feedbacks et renforcements pour guider et orienter les participants dans leur processus de changement.

En quatrième lieu, les conseillers ont aussi un rôle de modèle. Ils vont ainsi montrer les différents exercices pour être ensuite éventuellement imités. Nous les rendons ainsi attentifs à l'importance de devenir eux-mêmes davantage conscients de leur manière de traiter leur vécu affectif, y compris leur façon de le communiquer (en mettant en exergue les éventuelles incongruences entre ce qui est dit et montrer afin qu'ils puissent représenter des modèles adéquats de communication émotionnelle).

Les conseillers peuvent également encourager les comportements de modelage par l'exposition assistée des autres membres, les jeux de rôle et les stratégies de partage. Ainsi, un comportement peut être modifié ou appris simplement par l'observation d'un modèle et des conséquences résultant de son comportement (Cottraux, 2011). Relevons que les comportements imitatifs sont d'autant plus importants dans les groupes homogènes qui se focalisent sur des problèmes partagés par tous les membres. Quant au versant cognitif, il est de toute manière présent et mobilisé au sein des différentes séances, dans lesquelles les exercices ne sont pas uniquement effectués, mais également partagés dans le groupe, conscientisés et où des réflexions sont conduites, notamment sur l'importance du vécu affectif et sur les liens entre une situation, l'évaluation cognitive qui l'accompagne et l'émotion ainsi suscitée.

Les méthodes psychophysiologiques sont aussi présentes et ceci particulièrement dans nos derniers modules, dans lesquels les techniques psychocorporelles de régulation des émotions sont explicitées et entraînées.

Finalement, la relation d'aide, ou plutôt dans le contexte groupale, les processus relationnels groupaux, ont reçu une attention particulière dans la confection et l'évaluation de ce programme. Nous signalons aux conseillers l'importance de les mobiliser.

Différentes techniques ou mécanismes doivent encore être explicitement suscités dans l'intervention dans le but de promouvoir l'apprentissage et l'intégration des éléments visés par celle-ci. En effet, l'apprentissage au sein du groupe se fait généralement par différents biais, incluant les informations directement fournies par les conseillers, sous forme de psycho-éducation, de conseils ou encore de feedbacks. Dans le présent programme, les conseillers, en plus de fournir feedbacks et informations, vont chercher à faciliter l'émergence de ces derniers chez les autres participants du groupe et donc, les aider à ce qu'ils puissent le faire de manière utile et aidante, tout en sachant que les feedbacks donnés par les autres membres du groupe ont souvent plus de sens que ceux donnés directement par le conseiller.

La motivation est également un élément susceptible de favoriser l'apprentissage des participants. Afin de promouvoir celle-ci, différents aspects doivent être mobilisés. Premièrement, durant la phase de sélection des participants, les thérapeutes fournissent des informations sur l'efficacité du programme et de l'approche groupale, ce qui contribue à accroître la motivation des participants. Durant le traitement, ils renforcent positivement tout progrès et nouveaux comportements attendus. Les conseillers encouragent aussi les membres du groupe à donner des feedbacks positifs aux autres membres et attirent leur attention sur leurs progrès / améliorations. Un travail sur les attentes individuelles de chaque participant est également effectué via une évaluation des buts à atteindre. Cette évaluation, partant d'objectifs pré-établis, permet à chaque participant de réfléchir sur ce qu'il souhaite atteindre en termes d'objectifs et au conseiller, de s'assurer de la motivation et de la faisabilité des attentes de chaque membre du groupe.

La littérature indique qu'il est important de promouvoir activement la cohésion dans un groupe thérapeutique, notamment dans le cadre d'un travail d'auto-exploration. En effet, elle est considérée comme étant un ingrédient essentiel dans le processus et le résultat de tout type de groupe (Burlingame, Fuhriman & Johnson, 2002). Ainsi, les conseillers utilisent différentes stratégies afin de la mobiliser. Cela commence déjà lors de la séance individuelle offerte à chaque participant qui précède le travail groupal à proprement parlé. Cette séance individuelle poursuit différents objectifs, dont celui de fournir des informations (*e.g.,* sur le déroulement, les processus thérapeutiques, l'efficacité de l'approche) et de préparer les membres du groupe à leur futur rôle. Ainsi, elle permet d'augmenter la cohésion de groupe, mais également la confiance en l'approche, la participation, l'engagement, l'expression des émotions, la prise de responsabilité personnelle dans le groupe et encore la motivation à entreprendre des changements. Le renforcement de la cohésion passe également par l'homogénéisation du groupe via la sélection des participants, la structuration des séances, l'encouragement à un taux de présence consistant, la garantie d'un environnement « sécure » pour que les patients osent se dévoiler et vivre pleinement leurs différents états affectifs, mais aussi par le comportement des conseillers. En effet, il est attendu qu'ils puissent représenter un modèle d'acceptation, d'empathie et de chaleur, pouvant valider de manière authentique l'affect des participants. Les conseillers se doivent également de promouvoir les connections entre les expériences vécues par les membres du groupe et être attentifs aux processus groupaux en cours dans le groupe (Bieling, McCabe & Anthony, 2005). Etant donné que les caractéristiques de la cohésion incluent l'acceptation, le soutien et la confiance, le groupe doit fournir dans l'idéal à ces membres un environnement dans lequel ils osent confier leurs émotions et pensées personnelles tout en sachant à l'avance que le groupe peut comprendre et se montrer empathique.

Ainsi, l'apprentissage se fait au sein des séances par le biais des éléments explicatifs, des exerces qui sont entraînés puis discutés au sein de groupe mais également entre les séances par les tâches à domicile et les auto-observations quotidiennes.

Rôles et compétences du conseiller

Le rôle principal du conseiller – ou de la conseillère – consiste à initier, coordonner et modérer le travail des participants. Il introduit aux modules, explique les contenus, donne des exemples et des feedback, invite à la collaboration et à la cohésion de groupe, sollicite la participation et renforce positivement les différentes activités des participants. Il adapte / façonne la matière, et la « personnalise » pour chaque participant. Il encourage à « traduire » les contenus et le matériel distribué dans un langage de tous les jours, favorisant la compréhension individuelle. Il fait cela en encourageant chaque participant à s'engager personnellement au sein des séances – et au sein du groupe – mais aussi dans l'accomplissement des tâches à domicile et dans un travail / collaboration autonome. Les tâches à domicile sont des éléments cruciaux pour l'entraînement aux activités / acquis en séance et leur transfert (aux comportements et vécus) au quotidien. Lieberman, Yalom et Miles (1973) ont mis en exergue quatre fonctions que se doit d'avoir un thérapeute en setting groupal (c.-à-d., fonction exécutive, prendre soin (« caring »), attribution de sens et stimulation émotionnelle). Nous insistons également sur ces quatre fonctions : (1) la fonction exécutive, consistant globalement à fournir la structure groupale nécessaire pour l'atteinte des buts fixés (*e.g.*, gestion du temps et de l'agenda de séance), est fondamentale également dans ce programme pour sa bonne conduite et son efficacité ; (2) prendre soin, à savoir notamment faire preuve d'authenticité, d'empathie et de chaleur (« variables de base » selon Rogers ; pour un survol voir Reicherts, 2015), est une fonction nécessaire à ce que les participants puissent traiter leurs émotions dans un cadre suffisamment sécurisant et soutenant ; (3) donner du sens, à savoir fournir un cadre de référence grâce auquel les participants peuvent mieux comprendre / saisir leur fonctionnement émotionnel et (4) fournir une stimulation émotionnelle ; ce qui est primordial afin de travailler sur le traitement affectif. Bien que les travaux de Lieberman et collaborateurs (1973) datent quelque peu, ils restent encore aujourd'hui une référence. Pour des travaux plus récents sur les tâches du thérapeute de groupe, nous référons également le lecteur à Yalom et Leszcz (2005).

Pour ce faire et pour assumer la responsabilité d'un tel travail aussi intime qu'important pour le participant, le conseiller devrait avoir différentes compétences : notamment les capacités pour l'entretien psychologique (*e.g.,* les variables de base de Rogers) et de l'expérience dans le domaine de l'intervention psychologique, notamment cognitivo-comportementale (une base pourrait être le livre *« L'entretien psychologique et le counselling »* (Collection Santé Psycho-Sociale, Edition ZKS ; Reicherts, 2015). De plus, l'expérience dans la modération d'un groupe est également souhaitée afin de garantir un fonctionnement groupal adéquat et cohésif, permettant aux participants de s'engager, de participer, de partager du matériel affectif personnel, de fournir des feedbacks et de s'auto-explorer dans un cadre favorable aux changements.

De préférence, le conseiller a lui-même travaillé sur tous les modules, idéalement avec une autre personne formée et compétente dans la conduite de ce programme. Par conséquent, il connaît lui-même tous les exercices et les matériaux personnalisés et a de bonnes connaissances sur le modèle « Ouverture émotionnelle » et les instruments d'évaluation et diagnostiques qui y sont liés.

Structure du manuel

Le manuel introduit au modèle de l'Ouverture émotionnelle et à ses dimensions : (1) la représentation cognitive des émotions, (2) la perception des indicateurs corporels des émotions, internes et externes, (3) la communication des émotions et (4) la régulation des émotions. Il présente ensuite les instruments d'évaluation (et diagnostiques) qui sous-tendent le diagnostic initial et accompagnent les étapes du travail tout au long des modules. Le manuel décrit ensuite la séance préparatoire, s'agissant d'une brève séance en setting individuel permettant d'informer les membres sur le déroulement des séances et sur l'efficacité du programme, mais aussi de créer des attentes réalistes et appropriées et d'établir un contrat sur leur engagement et leur participation. Les six modules groupaux et leurs exercices et tâches à domicile sont ensuite décrits de manière détaillée. Ainsi, tout le matériel que comprennent les séances (grilles, fiches etc.) est présenté de manière intégrale.

2. Le modèle de l'Ouverture émotionnelle et ses dimensions

Le modèle de l' « Ouverture émotionnelle » (Reicherts, 1999 ; 2007 ; Reicherts, Genoud & Zimmermann, 2012) considère les émotions et les états affectifs en général comme des phénomènes complexes impliquant des processus à différents niveaux, appelés sous-systèmes ou composantes (*e.g.,* Lang, 1984 ; Lazarus, 1991). Le modèle est constitué de cinq dimensions principales et d'une dimension additionnelle qui permettent d'analyser les processus émotionnels tels que perçus par le sujet (représentation subjective ou « méta-émotion »).

2.1. Représentation cognitive des émotions (REPCOG)

La première composante du modèle est la représentation cognitive et conceptuelle des émotions (REPCOG), reposant sur des états mentaux (se référant à la valence ; « valence-based ») et des sensations corporelles en lien avec des situations concrètes, telles que perçues par l'individu (via « appraisals » ; Ellsworth & Scherer, 2003 ; Mascolo, Fischer & Li, 2003). Cette représentation peut être définie en termes d'affects distincts et différenciés, tels que les émotions, les humeurs ou les épisodes émotionnels ayant une qualité particulière, mais également en qualité de « noyau affectif » (« core affect », voir Russell, Weiss & Mendelsohn, 1989). La représentation cognitive et conceptuelle se réfère à des concepts affectifs et émotionnels (*e.g.,* « colère »), à des schémas ou scripts (voir Tomkins, 1984), incluant la possibilité pour le sujet de les verbaliser. Elle intègre les processus impliqués dans les « expériences » affectives (notamment les « sentiments ») du sujet, dans la mesure où elle sous-tend des notions ou concepts cognitivement accessibles. On pourrait également y inclure les processus par lesquels le sujet appréhende et prend conscience des indicateurs corporels (voir paragraphe « Perception des indicateurs internes et externes ») que le modèle de l'« Ouverture émotionnelle » conçoit dans une dimension séparée.

Dans une perspective plus générale, la représentation cognitive et conceptuelle des émotions englobe les processus impliqués dans la fonction de « monitoring » (Scherer, 2003), c'est-à-dire qu'elle intègre la perception des représentations liée à des changements dans les autres composantes de l'émotion (*e.g.,* au niveau de l'évaluation ou des réponses motrices) par lesquels le sujet prend conscience de ses sentiments. Cette dimension, telle qu'opérationnalisée dans les instruments DOE (« Dimensions de l'Ouverture à l'Emotion »), se focalise sur la capacité de discerner différents états affectifs les uns par rapport aux autres et par rapport aux différentes sensations corporelles, de différencier des émotions singulières, affects ou humeurs, de prendre conscience des situations auxquelles les émotions sont liées (évaluations, raisons, attributions causales) et, éventuellement, de pouvoir les nommer.

2.2. Perception des indicateurs émotionnels internes et externes (PERINT et PEREXT)

Les phénomènes corporels / somatiques qui caractérisent et accompagnent les émotions et les états affectifs sont clairement en lien avec l'activation psycho-végétative et somato-motrice, engendrant ainsi cette « conscience » ou perception des émotions par le biais d'indicateurs internes (PERINT) ou externes (PEREXT). Ces indicateurs reflètent un pattern dans la synchronisation de sous-systèmes de l'organisme et sont articulés en direction d'une préparation à l'action (« action readiness » ou « action tendency » ; Frijda, 1986). Ils correspondent aux symptômes ou marqueurs perceptibles du système affectif et du système préparant à l'action (Mascolo *et al.*, 2003). Seule une petite partie des indicateurs psychophysiologiques et psychomoteurs des états émotionnels mis en évidence par la recherche (*e.g.*, Stemmler, 2003 ; Levenson, 2003 ; Cacioppo *et al.*, 1992) sont réellement perceptibles par l'individu et, par conséquent, mis en lien avec un vécu émotionnel spécifique et conscient. Toutefois, il y a certains indicateurs ou marqueurs en lien avec les émotions que les individus sont généralement capables de percevoir de manière plutôt appropriée (*e.g.*, Pennebaker, 1982). Nombre de publications en recherche clinique (*e.g.*, Davison & Neale, 2001) soulignent la pertinence de certains indicateurs, particulièrement ceux apparaissant dans l'analyse fonctionnelle du comportement (*e.g.*, le modèle SORC ; voir Kanfer & Saslow, 1965; la grille SECCA ; voir Cottraux, 2011), comme par exemple l'activation cardiovasculaire (dans le ressenti de la colère, de l'anxiété ou de la panique ; *e.g.*, Philippot, 2007) ou sa diminution (en cas de tristesse), l'activation ou la perturbation de la respiration (dans des situations d'oppression, de peur, etc. ; *e.g.*, Boiten, et al., 1994 ; Kreibig, Wilhelm, Gross & Roth, 2007), ou encore la température (chaleur dans une situation de colère). D'autres registres permettent d'inclure des signaux gastro-intestinaux tels que l'estomac noué, les nausées, les renvois, les problèmes intestinaux, les diarrhées, etc.

Les exemples de la perception d'indicateurs émotionnels externes, qui peuvent également être perçus par d'autres personnes, incluent des activités motrices telles que celles impliquées dans la préparation à l'action. On trouve de nombreux éléments empiriques qui le confirment pour l'expression faciale (Keltner, Ekman, Gonzaga & Beer, 2003), vocale (Scherer *et al.*, 2003), les gestes et la posture impliqués dans l'expression corporelle (Van den Stock *et al.*, 2007). Il y a également de nombreux indicateurs relatifs à l'activité musculaire, à la tension ou aux tremblements (également décrits en psychologie clinique, par exemple dans le cas de la phobie sociale). Une large proportion d'influence des émotions dans la voix et le discours est alors codée de manière duale puisque les caractéristiques linguistiques et non linguistiques jouent une fonction de signalisation de l'émotion.

Alors que la dimension PERINT se réfère principalement à des activités autonomes (centrales) qui sont en lien avec les processus émotionnels (système nerveux autonome), la dimension PEREXT se réfère au sous-système somato-moteur ainsi qu'à ses activités périphériques. Cette prédominance respective peut caractériser les patterns « internalisant » versus « externalisant » des réactions émotionnelles (voir Cacioppo *et al.*, 1992). Ils correspondent également à la distinction entre la perception « intéroceptive » versus « extéroceptive » des stimuli dans la théorie moderne de l'apprentissage (« modern learning theory » ; voir Bouton, Mineka & Barlow, 2001).

Il est utile de préciser que le « travail émotionnel » (« emotion work ») est un phénomène intéressant proche de PEREXT et de COMEMO. L'expression et la communication des émotions sont activement régulées dans le contexte social (sous-jacent aux rôles), contraignant le sujet à certaines règles et patterns dans l'échange socio-émotionnel et étant influencé par les normes sociales et l'intériorisation des règles (*e.g.,* Hochschild, 1979 ; Totterdell & Holman, 2003). Le travail émotionnel peut être défini comme une régulation émotionnelle requise pour afficher des comportements interpersonnels conformes aux normes (*e.g.,* Brotheridge & Lee, 2003) ; il se réfère par conséquent à la dimension RESNOR (voir plus loin). Ce concept peut être également articulé avec le burnout ou le stress professionnel.

2.3. Communication des émotions (COMEMO)

La dimension communication des émotions (COMEMO) fait référence à une ouverture au niveau interactionnel, c'est-à-dire aux fonctions sociales des émotions et affects dirigés vers autrui.

En adoptant une perspective individuelle, cette dimension recouvre les processus d'expression des émotions – principalement intentionnels – qu'ils soient perceptibles dans l'expression du visage (Ekman, 1984; 1993), par la voix (Scherer, Johnstone & Klasmeyer, 2003) et par les mouvements corporels, gestes ou postures (de Gelder, 2006; Van den Stock, Righart & de Gelder, 2007) – et visent à rendre compréhensible aux autres les états affectifs ou émotions que la personne ressent ou ses tentatives de les modifier voire de les dissimuler (*e.g., « display rules »*; Ekman, 1972). En raison du caractère inconscient de la plupart de ces processus lorsqu'une émotion surgit, les réponses à ces expériences émotionnelles sont généralement spontanées, automatiques et les changements dans l'expression faciale (*e.g.,* Matsumoto, 1987), vocale (Scherer *et al.*, 2003) ou motrice transparaissent dans les indicateurs externes (voir plus bas). L'élément crucial pour le modèle de l'Ouverture émotionnelle est d'être ou de devenir conscient de ses réponses externes (*e.g.,* expressives) dans ces registres. Par conséquent, la communication des émotions se réfère à des comportements volontaires et intentionnels qui « appliquent » ou au moins acceptent ces registres expressifs et ne les suppriment pas.

Par ailleurs, les émotions et états affectifs peuvent être intentionnellement verbalisés dans le but de les partager avec autrui. Dans ce contexte, on ne prend pas en considération les canaux non-verbaux de la communication, ceci relativement à une fonction sociale de « signalisation » de l'émotion. Une telle communication explicite peut être utile dans le but d'alerter l'entourage (*e.g.,* communiquer un danger en exprimant sa peur), de rechercher de l'aide pour réguler les sentiments négatifs ou de partager les émotions sociales et positives, telles que l'empathie, l'amour ou encore la sympathie (*e.g.,* Pennebaker, 1995). Alors que les fonctions peuvent varier d'une simple prise de contact visant une interaction émotionnelle à un vrai « partage » des émotions (voir Rimé, 2007), les principales facettes prises en compte dans le DOE sont celles des activités d'expression et de communication utilisées dans un contact avec autrui dans le but de faire connaître, dévoiler (« disclosure ») et partager (« sharing ») son expérience affective.

Un second aspect également important est le fait de pouvoir « accueillir » la communication émotionnelle d'autrui, à savoir de pouvoir « valider » ce qui est dit avec des expressions verbales et non-verbales adéquates. Cette reconnaissance est cruciale pour l'intégration de l'affectivité dans tout échange interpersonnel, telle que proposée, entre autre, par l'approche centrée sur la personne (voir Reicherts, 2015). La « validation » est aussi une composante élémentaire de la régulation interpersonnelle des émotions (voir aussi plus bas 2.4.)

2.4. Régulation des émotions (REGEMO)

La régulation des émotions peut être définie comme un processus visant à initier, éviter, inhiber, maintenir ou moduler l'arrivée, la forme, l'intensité ou la durée (1) des états émotionnels, (2) des processus physiologiques ou attentionnels liés aux émotions et / ou (3) des réactions comportementales qui apparaissent avec les émotions (Eisenberg & Spinrad, 2004). Cette dimension se réfère à la régulation de toutes sortes de phénomènes affectifs et inclue également la régulation de l'humeur, du noyau affectif et des épisodes émotionnels. Le concept de régulation des émotions tire ses racines dans la recherche sur le stress et le coping (Perrez & Reicherts, 1992 ; Reicherts, 1999) et distingue les différentes catégories de régulation. Selon Krohne (2003), la régulation peut être utilisée pour réduire, stabiliser ou augmenter une émotion tant dans des états ou sentiments négatifs (« affect repair ») que positifs. Toutes ces fonctions peuvent être adaptées ou non selon le contexte spécifique. Selon Bridges, Denham et Ganiban (2004), une régulation émotionnelle adaptée implique la capacité de faire l'expérience d'émotions « vraies », de réduire de hauts niveaux d'affects négatifs et d'exprimer ses émotions de manière compatible avec les différents buts que la personne poursuit (incluant la régulation émotionnelle telle que le sentiment de sécurité, le maintien d'interactions sociales positives, la compétence perçue, le bien-être individuel). En ce qui concerne le processus de régulation, Gross et Thompson (2007) proposent des catégories de régulation « indirecte » (sélection ou modification de situations et modulation instrumentale), ainsi que deux catégories de régulation « directe » (direction de l'attention, en particulier la « suppression », et le changement cognitif, en particulier la « réévaluation »). D'après Gross, lors de l'apparition d'une émotion, la réévaluation serait focalisée sur la cause alors que la suppression le serait sur la réponse (Gross, 1998). La conception de Gross est en effet proche du modèle des processus de coping, qui différencie les actions (instrumentales) lors du coping en lien avec la situation, et les comportements de coping orientés vers la personne (dirigés vers la représentation, l'évaluation et les émotions stressantes elles-mêmes ; Perrez & Reicherts, 1992 ; Reicherts, 1999). La régulation volontaire des émotions est également en lien avec les activités de « Monitor », spécialement pour atténuer, différer ou « réparer » l'intensité ou la durée d'un impact émotionnel par des activités spontanées ou contrôlées. Comme conséquence, la régulation des émotions est alors également en lien avec les représentations conceptuelles (« états émotionnels » et évaluations qui sont devenus conscients), avec la perception ou conscience des indicateurs corporels qui accompagnent l'expérience émotionnelle et souvent avec leur modification au travers de la régulation. La régulation des émotions se réfère aussi à la communication et expression des émotions dans le sens où les états affectifs sont modulés en les partageant ou les signalant à autrui, ce qui peut éventuellement conduire à une régulation interpersonnelle des émotions, tant pour atténuer une expérience négative que pour maintenir ou amplifier un état émotionnel positif.

Nous proposons de systématiser les efforts de régulation des émotions de la manière suivante (Reicherts, Pauls, Rossier & Haymoz, 2012).

- Les *techniques cognitives* comprennent (i) la direction et la modification de l'attention (supprimer activement l'expérience, déployer l'attention ou la diriger vers autre chose, etc.), (ii) la réévaluation (changement de référent de la valence, relativiser par comparaison sociale, « reframing », etc.), (iii) les auto-verbalisations (notamment encourageantes ; *e.g.,* Meichenbaum, 1985) (iv) prier (le ciel) et requêtes spirituelles ainsi que l'acceptation et l'adaptation des buts.

- Parmi les *techniques comportementales et corporelles* figurent (i) la respiration (« take a breath », la respiration abdominale), (ii) les activités physiques (mouvement et effort physique ; y compris l'activation musculaire ; voir Biddle, 2000 ; ou la méta-analyse de Schlicht, 1994), avec également (iii) le repos et le changement de posture ou le « repositionnement » corporel, ainsi que (iv) les techniques de relaxation (notamment la relaxation appliquée, « applied relaxation », voir Öst, 1987 ; Öst & Westling, 1995).

- Les *techniques interpersonnelles ou sociales* reposent sur des comportements visant à obtenir l'attention, l'écoute, l'information ou la compassion en lien avec le vécu émotionnel ; ou même de l'aide directe de la part d'autres personnes, à savoir de (pouvoir) accepter le soutien affectif par autrui. Les techniques reposent essentiellement sur la *communication émotionnelle* pour *solliciter ou moduler l'interaction* avec autrui.

- Un autre registre cliniquement important comprend *l'utilisation des substances psychotropes* (alcool, nicotine, médicaments, etc.) ainsi que *l'usage de certains aliments ou boissons* pour modifier les états affectifs.
- Un dernier registre englobe les techniques « indirectement » liées aux émotions, mais portant sur *la situation* qui déclenche ou accompagne l'état affectif à réguler. Ce registre comprend tous les comportements instrumentaux visant à modifier activement la situation (changer la situation, régler un problème) ou à l'éviter (s'en retirer ou s'y échapper). Selon la situation et son contexte, non seulement l'influence active, mais aussi l'évitement peuvent être « fonctionnels » pour réguler les affects qui y sont liés (Reicherts, 1999).

Certaines de ces techniques s'appliquent au moment donné, avec des effets dans l'immédiat, tandis que d'autres s'appliquent à plus long terme (par exemple, le jogging en tant que technique d'activation corporelle). Il est à préciser que les techniques ou activités sont toujours à considérer comme des tentatives ou des efforts de régulation, leur définition ne devrait pas comprendre le résultat (voir les comportements de « coping », Perrez & Reicherts, 1992).

2.5. Restrictions normatives de l'affectivité (RESNOR)

Les « restrictions » normatives de l'Ouverture émotionnelle (RESNOR), telles que perçues par la personne, ont été introduites dans le modèle de l'Ouverture émotionnelle comme dimension additionnelle. Les restrictions émotionnelles peuvent dépendre des règles, des conventions sociales, etc. qui sont plus ou moins en lien avec la résonance affective de l'environnement. Un élément particulier des restrictions normatives est que le sujet attribue les causes d'un manque perçu d'expériences émotionnelles et d'interactions externes aux autres, aux circonstances ou à la société en général. Un phénomène plus spécifique, en lien avec le rôle du sujet, est le « travail émotionnel » qui se base sur les dissonances entre les émotions vécues et exprimées.

Le modèle de l'« Ouverture à l'expérience émotionnelle » ou simplement « Ouverture émotionnelle » (OE) comprend quatre significations clefs, liées au vécu émotionnel et au traitement affectif ainsi qu'à leurs fonctions vitales dans la vie psychique de la personne.

(1) Le concept porte d'abord sur l'ouverture affective en tant que processus « expérientiel » *in situ* : s'ouvrir à un moment donné à son expérience affective, à ce qui est accessible, percevoir et permettre son déploiement, son élaboration dans le système cognitif-affectif, traiter et réguler ses émotions et vivre ses états affectifs. Ceci permettra, selon la situation présentement vécue – l'ici et le maintenant – de profiter de l'information et de l'effet préparatoire à nos réponses et décisions que l'émotion procure, donc de sa fonction adaptative. Cette première notion est aussi liée aux instruments DOE-« état ». Elle concerne également le contexte clinique, à l'instar des modèles du dysfonctionnement affectif, comme par exemple dans la phobie (voir Reicherts, Rossier & Rossier, 2012).

(2) La deuxième signification se réfère à l'« Ouverture émotionnelle » en termes de certaines caractéristiques du système cognitif-affectif de la personne, de la tendance à « être ouvert », à être accessible et prêt à appréhender des phénomènes et informations que fournissent les émotions. Les tendances à « être ouvert » reflètent des traits relativement stables liés aux différentes dimensions ou patterns du traitement affectif (« emotion processing »). Ils se caractérisent par la réalisation fréquente et régulière des états et processus décrits dans le modèle (*e.g.,* communication et expression de l'émotion). Des tendances et patterns relativement stables peuvent accompagner, voire marquer, certains problèmes psychiques (*e.g.,* troubles de la personnalité, de la dépendance, somatoformes, stress post-traumatique). Certains traits reflétant des restrictions de l'ouverture affective semblent être particulièrement importants, dans le sens que quelques processus et activités peuvent ne pas être « disponibles » à un moment donné, parce qu'ils sont « bloqués » ou pas développés (« fermeture » émotionnelle).

(3) La troisième signification considère l'Ouverture en tant que processus à plus long terme, c'est-à-dire sous l'angle d'une évolution, à savoir s'ouvrir de plus en plus à son vécu affectif et à ses émotions. Ceci peut se faire par des interventions psychologiques, notamment en travail en psychothérapie. En effet, certaines approches nous permettent de nous ouvrir davantage à ces registres. Ce qui représente un développement vers une plus grande « Ouverture », qui est également important pour enrichir la vie psychique de l'individu. Cette plus grande ouverture semble être un facteur protecteur contre des problèmes psychiques, mais aussi contre certaines maladies somatiques.

(4) La quatrième signification porte sur la dimension sociale : s'ouvrir à des processus émotionnels dans l'interaction, à un échange émotionnel ;

comme par exemple s'ouvrir émotionnellement à autrui, communiquer une situation émotionnelle difficile ou des humeurs pénibles. De même, cela comprend également le fait d'être ouvert vis-à-vis d'autrui (« responsive »), de communiquer avec l'autre et l'aider à réguler ses états émotionnels ou les états vécus de manière commune, ceci pour atténuer les états négatifs, maintenir et amplifier les états positifs et agréables. Ce processus dans l'interaction constitue donc un élément important dans la régulation de l'émotion interpersonnelle (*e.g.,* Reicherts, Genoud, Maggiori & Molina, 2012).

Les modules et les exercices développés ou adaptés se réfèrent de manière explicite aux dimensions de ce modèle. Ils peuvent être réalisés et entraînés en référence au modèle de l'Ouverture émotionnelle et à ces différentes significations. Le modèle sera par conséquent partie intégrante et élément à intégrer de manière didactique et explicite au programme et aux modules d'intervention.

3. Les outils d'évaluation

3.1. Dimensions de l'Ouverture émotionnelle (DOE-20 et DOE-36)

Les questionnaires « Dimensions de l'Ouverture émotionnelle » se réfèrent directement au modèle (Reicherts, 2007 ; Reicherts *et al.*, 2012). Chacune des dimensions est représentée par plusieurs items décrivant différentes facettes des processus du traitement affectif qui sont évaluées en tant que « trait » (« En général, il me semble que ... ») ou « état » (« Dans la situation (que je viens de vivre) ... »). Le sujet évalue chaque item (*e.g.*, « Je peux nommer précisément tous mes états affectifs ») à l'aide d'une échelle de Likert d'adéquation : « pas du tout » [0], « un peu » [1], « modérément » [2], « beaucoup » [3] ou « extrêmement » [4].

La construction des items étant directement basée sur la théorie, ils « opérationnalisent » le traitement affectif par différents descripteurs comportementaux et cognitifs (e.g., « Je sais très bien dans quel état affectif je me trouve »), certains aspects situationnels et différents systèmes de fonctionnement psycho-affectif. L'outil repose sur une construction théorique et psychométrique très solide, comprenant des analyses factorielles confirmatoires, aboutissant à des solutions factorielles très claires et robustes (Reicherts & Genoud, 2012). Les indices de fidélité sont satisfaisants voire bons (Cronbach alpha de .70 à .82), tout comme les nombreux indices de validité. De nombreuses études cliniques et différentielles (voir Reicherts *et al.*, 2012) soutiennent les bonnes caractéristiques psychométriques de ces outils, permettant non seulement un diagnostic de « screening », mais aussi une évaluation du changement (pré-post-suivi) (Haymoz, 2014). Pour ce faire, nous proposons au lecteur des *valeurs de référence* à disposition (Annexes C). Il permet également d'établir un *« profil » du traitement affectif* de la personne, mettant en exergue les dimensions « élevées » versus « réduites » ainsi que le caractère plus ou moins « équilibré » de l'ensemble des dimensions.

Il existe en version à 20 items (« DOE-20 » avec 5 dimensions à 4 items) ou à 36 items (« DOE-36 » avec 6 dimensions à 5 – 7 items). Les deux versions se prêtent au programme d'intervention. Tandis que le DOE-20 est très compact, le DOE-36 comprend la dimension supplémentaire des « Restrictions normatives ».

Tableau : DOE-36 échelles, exemples d'item et indices de fidélité (consistances internes ; N=269 / N=398 ; les items font également partie du DOE-20)

Dimension		alpha
REPCOG	Je sais très bien dans quel état affectif je me trouve	.83 / .81
COMEMO	Je fais volontiers part aux autres de mes sentiments même désagréables	.79 / .79
PERINT	Mon état physique me fait réfléchir sur mes émotions	.77 / .77
PEREXT	Ce qui se passe à l'intérieur de moi transparaît dans mon comportement	.79 / .77
REGEMO	J'arrive à atténuer mes émotions, même dans des situations difficiles	.76 / .73
RESNOR	J'aimerais qu'il soit plus facile dans notre société d'exprimer ses sentiments	.73 / .75

3.2. Inventaire de techniques de régulation des émotions (DOE-IT)

Cet outil sous forme d'inventaire regroupe un grand nombre de techniques ou stratégies pouvant servir à la régulation des émotions. Chacun de ses douze registres comprend plusieurs items décrivant directement l'une ou l'autre manière d'essayer de réguler ses émotions (comportement cognitif, corporel, interpersonnel, etc.). Certaines techniques s'appliquent sur le moment, avec des effets potentiels dans l'immédiat, alors que l'application d'autres peut être différée, avec des effets potentiels à plus long terme (comme le jogging ou la relaxation). L'outil considère les techniques ou stratégies comme des tentatives ou des efforts de régulation ; leur définition ne devrait pas comprendre leur résultat (voir les comportements de « coping », de la maîtrise du stress, Reicherts, 1999 ; Perrez & Reicherts, 1992).

Le DOE-IT (Reicherts & Haymoz, 2011) répond à une distinction élémentaire : la régulation de l'*affect négatif* (« affect repair », atténuer ou reporter une émotion) versus *affect positif* (maintenir ou amplifier un état affectif) (Krohne, 2003). De plus, il prévoit une évaluation de la *fréquence d'utilisation* et de l'*efficacité perçue,* deux aspects différents d'une grande importance, notamment en psychologie clinique, psychothérapie et psychologie de la santé.

La construction est basée sur des concepts théoriques de la régulation des émotions (voir Reicherts, Pauls, Rossier & Haymoz, 2012 ; Haymoz, 2014) ainsi que sur des démarches psychométriques (analyses de fidélité et de validité). Les indices de fidélité montrent un alpha moyen satisfaisant de .76 (pour plus de détails, aussi des analyses factorielles exploratoires, voir Haymoz, 2014).

Tableau : DOE-IT (Reicherts & Haymoz, 2011) : registres, sous-échelles et exemples d'items

Registres	Sous-échelles - Catégorie fonctionnelle	Exemples d'items
Cognitif	Recherche d'informations	Rechercher de l'information pour mieux comprendre la situation
	Suppression d'informations	Ignorer l'information liée à l'émotion
	Réévaluation	Voir la situation d'une autre manière
	Changement des intentions initiales	Adapter ses plans à la situation
	Auto-verbalisations positives	Se parler de manière positive
Corporel-comportemental	Relaxation	Respirer profondément, lentement, plusieurs fois
	Activation/activité physique	Exercer de l'activité/effort physique
Social / interpersonnel	Recherche et utilisation du support social	Parler à quelqu'un d'une expérience
Substance / consommation	Consommation de substance psychoactive	Consommer une boisson alcoolisée
	Consommation de nourriture, boisson	Manger des sucreries
Influence sur la situation	Influence active sur la situation déclenchant / accompagnant l'affect	Changer quelque chose dans la situation
	Evitement / retrait actif de la situation déclenchant ou accompagnant l'affect	Quitter la situation, s'en retirer, la contourner

Le DOE-IT permet d'établir un – premier – répertoire de régulation dont dispose la personne au début de l'intervention qui peut être analysé en termes de lacunes ou d'excès. Par la suite, il permet de retracer des changements, tels qu'une fréquence plus élevée de certaines techniques souhaitables ou une réduction des techniques déficitaires – ainsi qu'une plus grande efficacité de la régulation, après l'intervention spécifique. Il permet ainsi d'établir un *profil individuel* qui peut être travaillé lors de l'intervention thérapeutique ou de conseil. La recherche de validation des interventions (Haymoz, 2014) met en évidence ce type de diagnostic de changement.

Pour différencier le diagnostic individuel, on peut utiliser *des valeurs de référence* (regroupées de différents études ; voir l'annexe A24). Sur cette base, les conseillers peuvent préciser si la personne se trouve « dans la moyenne », c.-à-d. entre l'écart-type inférieur et supérieur ou si elle se situe en dessous ou en dessus correspondant à une tendance « réduite » versus « élevée » à utiliser la technique en question.

3.3. L'auto-observation avec « Learning Affect Monitor » et DOE-self-monitoring (LAM-DOE)

Learning Affect Monitor (LAM)

Le LAM est un outil d'auto-observation systématique permettant l'évaluation à la fois dimensionnelle et discrète des états affectifs dans la vie quotidienne. Le système est implémenté et adapté à l'utilisation sur un ordinateur de poche. Il présente l'avantage d'intégrer un module d'apprentissage autonome qui « apprend » au fil des enregistrements les préférences de l'utilisateur concernant des descripteurs affectifs. Les états affectifs sont évalués sur quatre composantes, à savoir la valence, l'activation, l'intensité et les descripteurs spécifiques retenus pour les décrire. La *valence* et *l'activation* sont évaluées simultanément sur un espace bidimensionnel. Les deux dimensions sont bipolaires et orthogonales. La *valence* est définie sur un continuum évaluant du pôle désagréable au pôle agréable et renvoie à la positivité versus la négativité liée à l'état affectif actuel. Quant à *l'activation* versus la désactivation, elle réfère à l'activation physiologique ou au niveau d'énergie perçue dans l'instant présent, variant le long d'un continuum allant d'un état de repos à un état de haute excitation. L'*intensité affective* correspond à l'intensité globale perçue de l'état affectif actuel. Finalement, la quatrième composante renvoie à une liste de 30 *descripteurs affectifs*, parmi lesquels un ou plusieurs décrivent l'état affectif actuel, tel qu'auto-observé sur les deux premières composantes du LAM.

Les conclusions de l'étude de Reicherts, Salamin, Maggiori et Pauls (2007) relèvent une bonne observance du signal et une fiabilité globale satisfaisante à élevée. Les analyses de clusters montrent que l'utilisation des descripteurs affectifs proposés aux participants par le système adaptatif intégré à l'ordinateur de poche est très plausible. Les enregistrements sont rapidement effectués, la plupart se faisant en moins d'une minute. La méthode ne dérange que très peu les utilisateurs dans leur routine quotidienne et semble s'adapter à une variété de contextes de vie.

Tandis que l'auto-observation avec le LAM se focalise sur l'enregistrement du *vécu affectif* au quotidien – émotions, humeurs, noyau affectif et leurs qualités affectives, au moment donné – le DOE-*self-monitoring* vise le *traitement affectif* et ses processus tels que proposés dans le modèle OE.

L'outil existe en format *« papier-crayon »* ainsi qu'en version informatisée. Le format « papier-crayon » se trouve dans l'annexe B (« Carnet de bord », Feuilles d'enregistrement). En ce qui concerne la *version informatisée,* voir l'article (Reicherts *et al.,* 2007) ou le manuel (Reicherts *et al.,* 2008).

DOE-self-monitoring

Cet outil (Reicherts, 2007 ; Reicherts & Genoud, 2012, p. 50-51) comprend un nombre très restreint d'items contenant des descripteurs états ou processus *in situ* – des comportements affectifs révélateurs – qui se prêtent aux auto-observations systématiques telles que l'évaluation ambulatoire dans la vie quotidienne (Fahrenberg, Mayrtek, Pawlik & Perrez ; 2007 ; Reicherts *et al.,* 2007). Les items permettent d'évaluer les processus/comportements du traitement affectif de manière *rapide* et *fréquente* pour ainsi générer des mesures dans nombre de situations réelles (et permettant de créer des séries temporelles). L'outil comporte un total de six items, chaque dimension (REPCOG, COMEMO, PERINT, PEREXT) étant mesurée par un item, à l'exception de REGEMO qui comprend deux items : l'un portant sur la « régulation vers le bas » (« down-regulation » ; notamment « affect repair », réduction ou atténuation de l'affect négatif) et l'autre sur la régulation vers le haut (« up-regulation » ; notamment maintien ou amplification de l'affect positif ; voir manuel DOE, Reicherts, 2007).

La fidélité de ces mesures a été évaluée dans une étude d'auto-observation systématique à l'aide des indices *split-half*, sur la moyenne et l'écart-type individuels ; ils reposent sur 92 mesures (en moyenne) par personne effectuées dans la vie quotidienne. Les indices vont de rtt=.91 à .98 pour la moyenne individuelle et de rtt=.73 à .91 pour la variabilité (ou dispersion) individuelle. Ils indiquent une très forte consistance intra sujet, faisant preuve d'une très bonne qualité de mesure de ces items du self-monitoring. L'instrument est utilisé dans la recherche de validation de Haymoz (2014 ; Pittet, 2012).

L'instrument permet de retracer la fréquence / intensité d'utilisation des comportements du traitement affectif (selon le modèle OE), ses variations et changements au fil de l'intervention (*e.g.,* utilisation d'un design « Multiple baseline »). Il sert d'outil diagnostique initial ou « pré-test » (après la séance préparatoire, respectivement le module-1) et de changement au « post-test », mettant en évidence l'utilisation dans des situations réelles.

En associant le LAM au modèle de l'Ouverture émotionnelle, notamment au DOE-*self-monitoring,* nous pouvons relever plusieurs qualités liées à l'utilisation de cet instrument d'auto-observation systématique :

- Le LAM permet de faire un travail conduisant à un discernement des différents états affectifs de l'expérience émotionnelle.
- Il amène à entreprendre un exercice de focalisation sur la perception des états corporels accompagnant les états affectifs ainsi qu'une prise de conscience de la différenciation entre les sensations corporelles et les états affectifs qu'il est possible de verbaliser (voir Salamin, 2009).
- Il rend possible une mise en relation entre une situation particulière vécue et un ressenti affectif spécifique.
- Il peut favoriser la prise de conscience de l'expression d'une émotion (émotion alors nommée) dans une interaction avec autrui, permettant un possible travail de mise en lien entre les émotions verbalisées et les sensations corporelles effectivement communiquées à autrui.
- Il permet un travail de rapprochement entre les états affectifs vécus et le traitement affectif – notamment la régulation des émotions.

Ces différentes propriétés du LAM et du DOE-self-monitoring associées au modèle de l'Ouverture émotionnelle sont mises en avant dans les modules d'intervention concernés et présentés ci-après dans ce manuel.

Le DOE-*self-monitoring* comprend les items suivants (chacun constitue une mesure en soi) :

- J'ai identifié (distingué, nommé) les états affectifs dans lesquels je me suis trouvé(e) (REPCOG),

- J'ai remarqué (senti, perçu) des réactions corporelles internes liées à mon état affectif (PERINT)

- J'ai remarqué (senti, perçu) des réactions corporelles visibles, en lien à mon état affectif (PEREXT)

- J'ai exprimé/communiqué mon état affectif vis-à-vis d'autrui (COMEMO)

- J'ai atténué ou reporté mes états affectifs (REGEMO_down)

- J'ai maintenu ou intensifié mes états affectifs (REGEMO_up)

Ils sont évalués à l'aide de l'échelle originale du DOE-20, allant de « pas du tout » [0], à « extrêmement » [4].

Pour différencier le diagnostic individuel avec le DOE-*self-monitoring*, il est possible de se référer aux *valeurs de référence* d'un échantillon tout-venant qui se trouvent dans l'annexe B, « Carnet de bord ».

3.4. L'évaluation des buts à atteindre (EBA)

Il est très important et contribue à l'efficacité de toute intervention psychologique de définir au préalable plusieurs buts personnels que le participant souhaite atteindre à l'aide de l'intervention. Selon la méthode de la EBA (Pauls & Reicherts, 2012) qui s'inspire du « Goal Attainment Scaling » (Kiresuk & Sherman, 1968), il est possible de définir jusqu'à cinq domaines problématiques et en développer des buts correspondants. Les buts comprendront des « opérationnalisations » par des comportements circonscrits de manière concrète et détaillée et complétés par des fréquences / laps de temps (*e.g.,* « vivre des émotions plus positives et claires » sera opérationnalisé par « au moins 1 épisode affectif par jour, de haute intensité (7-9) et fort positif (7-9) [échelles du LAM] ». Ensuite, les différents buts opérationnalisés sont pondérés, selon leur importance subjective. Une possibilité intéressante dans le contexte du modèle consiste à définir un but par dimension de l'Ouverture émotionnelle (Représentation cognitive, Communication, Perception interne et externe ainsi que Régulation des émotions). Pour ceci, des buts prédéfinis sont présentés dans l'annexe A2 « Evaluation des buts à atteindre ». Il est conseillé de faire référence à ces objectifs individualisés en début de séance pour entretenir la motivation et souligner la pertinence de la séance.

L'*atteinte des buts* sera évaluée au moins à la fin de l'intervention (« post » traitement), mais pourra être reprise après chaque module, permettant ainsi une évaluation en séquence temporelle (analogue au design « multiple baseline »). La méthode comprend toute la démarche, en collaboration entre conseiller et client ou participant : analyse des problèmes – choix et développement (opérationnel) des buts – pondération des buts – mesure de leur atteinte, au début et à la suite de l'intervention. L'évaluation se focalise sur le rapprochement relatif du but, avec ses niveaux prédéfinis (allant 0% à 100%). L'évaluation sera effectuée par le client, en collaboration avec le conseiller / thérapeute. Elle donnera un indice quantitatif et simple à interpréter. L'atteinte de plusieurs buts pourra être regroupée dans un seul *indice composite*, qui tiendra compte de leurs pondérations différentes.

Les informations détaillées, comprenant la démarche, les grilles et algorithmes se trouvent dans Pauls et Reicherts (2012 ; voir aussi Reicherts & Pauls, en prép.).

4. Les modules d'intervention

Le programme se focalise sur les cinq dimensions principales du modèle de l'Ouverture émotionnelle et se compose d'une première séance d'informations suivie de cinq modules d'intervention (Module 2 à 6) menés en setting groupal. Chaque module contient des exercices à réaliser en séance ainsi que deux types de tâches à domicile : le premier visant l'intégration, la consolidation et le transfert des éléments appris durant le module et le second, la préparation au module suivant. Une séance dure deux heures qui sont entrecoupées d'une pause de 15 minutes. Le programment vise généralement l'encouragement du processus d'autorégulation et le renforcement des connaissances préalables des participants.

Le programme s'intègre dans un protocole particulier et peut aller de pair avec une démarche d'évaluation permettant de se prononcer sur son efficacité. Le protocole prévoit l'envoi aux participants des informations générales sur le déroulement des modules d'intervention (voir Annexe A1, « Contrat de participation ») et, si souhaité, de la batterie de questionnaires (voir Annexe C, « Questionnaires »). Ces documents seront remis aux conseillers lors du module d'introduction.

Pré-séance en individuel

Il s'agit d'un bref entretien avec chaque participant pour les informer du contenu et du déroulement de l'intervention groupale dans laquelle ils s'engagent. Les conseillers reviennent sur les différents points mentionnés dans le contrat de participation pour qu'ils, ainsi que le participant, puissent le signer. Ce contrat représente ainsi un *consentement éclairé*, par lequel le participant (a) confirme sa présence et son engagement aux séances, s'engage (b) à respecter les règles de confidentialité et (c) à compléter les tâches à domicile et les batteries de questionnaires prévues dans le protocole. Les batteries de questionnaires incluent différents types de mesure, à savoir (1) des questionnaires auto-rapportés portant notamment sur le vécu et le traitement affectifs à compléter en pré-test, post-test et suivi (le suivi, comme d'autres étapes est à option) et (2) des auto-évaluations quotidiennes à compléter durant les cinq semaines d'intervention à l'aide d'un carnet de bord (ou d'un système d'auto-observation informatisée) selon le *Learning Affect Monitor* (LAM, Reicherts *et al.*, 2007) (voir Annexe B « Carnet de bord »). Les conseillers répondent finalement aux éventuelles questions, attentes et croyances du participant concernant le programme et l'intervention groupale et insistent notamment sur le principe de confidentialité, s'appliquant à la fois aux participants ainsi qu'à eux-mêmes.

⇨ Temps approximatif : 20 minutes

Une évaluation des buts à atteindre est réalisée – en utilisant aussi des objectifs pré-établis (voir Annexe A2 « Evaluation des buts à atteindre ») dans le but de mettre en exergue les objectifs personnels des participants et d'avoir par la suite une mesure individualisée de l'impact de l'intervention sur ces derniers. Un *contrat d'engagement* est ensuite signé et conservé par le participant et les conseillers précisant l'engagement de ces derniers dans l'atteinte des objectifs fixés (Annexe A3, « Contrat d'engagement »).

⇨ Temps approximatif : 30 minutes

Module 1 : Module d'introduction

Ce premier module poursuit les objectifs suivants :

- Présentation de chaque membre et des conseillers et mise en commun des objectifs individuels.
- Discussion sur les questionnaires remplis à domicile et introduction au LAM-DOE / carnet de bord.

La séance d'introduction est ainsi divisée en 6 parties distinctes :

(1) Accueil et présentation. Après avoir souhaité la bienvenue à l'ensemble des participants, les conseillers se présentent puis invitent chacun à en faire de même.

⇨ Temps approximatif : 20 minutes

Remarque : *Afin de rendre la présentation de chacun plus aisée et conviviale, les conseillers peuvent demander aux participants de se présenter en faisant parler chaque clé de leur trousseau. Ainsi, chacun peut s'exprimer en donnant plus au moins de détails sur les différents domaines de sa vie.*

(2) Bref rappel des points mentionnés dans le courrier que les participants ont reçu à domicile et qui ont été discutés lors de l'entretien individuel, notamment du principe de confidentialité (voir Annexe A1 « Contrat de participation ») et temps consacré aux questions des participants. Les conseillers soulignent également les règles de conduites régissant toute intervention groupale, tout en insistant sur l'importance de la participation à chaque séance et la ponctualité. Les conseillers demandent à être informés en cas de retard ou d'absence afin de pouvoir communiquer l'information aux autres participants et, en cas d'absence, de planifier une entrevue pour revoir les objectifs de la séance manquée. Ces règles sont précisées par les conseillers avec le soin de faire émerger un climat de confiance et de mobiliser les mécanismes d'action identifiés comme importants dans un travail groupal.

⇨ Temps approximatif : 15 minutes

(3) Mise en commun des objectifs individuels. Chaque participant est invité à partager les objectifs qu'il s'est engagé à atteindre durant l'intervention.

⇨ Temps approximatif : 20 minutes

(4) Discussion sur les questionnaires que les participants ont complété afin d'éviter toute difficulté et items non remplis. Si nécessaire, les conseillers laissent quelques minutes aux participants pour revoir certains items avant de recueillir la batterie de questionnaires.

⇨ Temps approximatif : 10 minutes

(5) Introduction au LAM-DOE (version carnet de bord). La présentation de l'outil ainsi que les exercices d'entraînement (voir Annexe B « Carnet de bord ») se font par sous-groupes de 3 personnes au maximum.

⇨ Temps approximatif : 30 minutes

(6) Les conseillers présentent la tâche à domicile pour le module suivant.

⇨ Temps approximatif : 10 minutes

Remarque : Des photos illustrant différentes expressions faciales (voir Annexe A9) peuvent être affichées dans la salle. Celles-ci servent de matériel pour les séances ultérieures. Le fait de les afficher permet aux participants de s'y attarder avant le commencement des modules d'intervention à proprement parlé.

Module-1-1 : Activités à domicile

Remarques préalables

Il est primordial que les conseillers insistent sur l'utilité des tâches à domicile. Elles sont nécessaires d'une part, à l'intégration, la consolidation et au transfert des éléments appris durant le module dans le quotidien du participant, et d'autre part, à la préparation de ce dernier au module suivant. Ainsi, chaque participant réalisera deux types de tâche à domicile. Les conseillers soulignent également les avantages de l'utilisation du LAM-DOE / carnet de bord.

Etant donné que le Module 1 est avant tout une séance de rencontre et de préparation à l'intervention à venir, les participants n'auront pas à réaliser d'activités d'intégration. Par contre, ils devront réaliser l'activité de préparation au module 2 suivante.

Activités de préparation en vue du module 2

Les participants notent sur une feuille leurs connaissances initiales concernant les émotions (voir Annexe A4). Pour ce faire, ils répondent aux questions suivantes :

- Quelle définition donneriez-vous au mot « émotion » ?
- Quelles émotions connaissez-vous ?
- Que représentent pour vous les émotions ?
- Quelle place jouent-elles dans votre quotidien ? (Importance et fonctionnalité du vécu affectif)
- Selon vous, quels impacts peuvent avoir les émotions sur votre bien-être physique et psychique ?

Remarque : Cet exercice vise une première entrée en matière sur les connaissances initiales des participants. En effet, ceux-ci sont amenés à répondre à ces questions en se basant sur leur signification personnelle et aborderont indistinctement le « noyau affectif » (« core affect »), les émotions, les humeurs et les épisodes émotionnels. Il est important que les conseillers insistent sur le fait qu'il ne s'agit en aucun cas d'un travail qui sera évalué (juste vs faux), mais permettant une première discussion sur les connaissances initiales de chacun.

Module-1-2 : Introduction au « Learning Affect Monitor » (LAM-DOE)

Le LAM-DOE est un instrument d'auto-observation permettant de se focaliser et de recenser ses propres états affectifs le long d'une journée « ordinaire », tout en y associant d'autres variables évaluées simultanément : le bien-être physique ressenti, les processus accompagnant ses états affectifs, le contexte, le lieu et le type d'activité dans lesquels l'utilisateur évalue son ressenti.

Le LAM-DOE est réalisé par une version « *papier-crayon* » sous forme de « *carnet de bord* » (avec un mini-questionnaire ; voir annexe B) ou par une version informatisée. Dans le présent manuel, nous présentons la version « carnet de bord », sans exigence d'équipement et de maintien technique. Une version informatisée peut être indiquée pour des plus grands programmes d'intervention, notamment au sein des projets de recherche appliquée.

L'utilisateur doit en principe réaliser deux enregistrements par jour, un dans la matinée, un dans l'après-midi / soirée. Il est, en outre, encouragé à effectuer des auto-observations supplémentaires, et ce dès qu'il le souhaite ou en ressent le besoin, de par une situation particulière (par exemple, un impact affectif surprenant ou difficile ; illustrant un apprentissage dans la séance ou se prêtant à la préparation du prochain module).

Les conseillers présentent et exercent le LAM-DOE avec les participants afin de les familiariser à cet outil. A l'aide des exercices standardisés ainsi que personnels, les conseillers s'assurent que l'instrument ne pose plus de difficulté de compréhension ; ce qui est nécessaire à la bonne utilisation de l'instrument pour débuter la période d'évaluation accompagnant le programme d'intervention.

Pour ce faire, ils peuvent travailler avec le manuel d'utilisation du LAM-DOE (voir Annexes B).

Il est à préciser que les participants ont pour tâche d'intégrer au mieux le travail avec le *carnet de bord* à leur vie quotidienne au cours des cinq semaines qui séparent le Module 1 et le Module 6, soit sur une période de 34 jours au total.

Présentation des six étapes du LAM-DOE (voir aussi Annexes B)

L'utilisateur effectue chaque auto-observation (enregistrement) le long de six étapes successives.

Etape 1
- Les participants décrivent *l'intensité globale* de leur ressenti actuel (humeur ou émotion) sur une échelle de Likert allant de 0 à 9 (faible à forte intensité).
- Les participants décrivent leur *bien-être physique* actuel sur une échelle de Likert allant de 0 à 10 (bien-être physique faible à élevé).

Etape 2

Les participants complètent la *grille des émotions*. Pour ce faire, ils indiquent, sur un espace affectif bidimensionnel, l'emplacement géométrique correspondant à la tonalité affective *(« valence »)* et à l'activation physiologique *(« activation »)* auto-évaluées de leur ressenti actuel :
- Ils évaluent sur la première dimension bipolaire leur *valence affective* comme étant plutôt désagréable (de 1 à 4 – partie gauche de la grille), neutre (5 – point central), ou plutôt agréable (de 6 à 9 – partie droite de la grille).
- Ils évaluent sur la deuxième dimension bipolaire leur *activation physiologique / corporelle* comme étant plutôt faible (de 1 à 4 – partie du bas de la grille), modérée (5 – point central), ou plutôt élevée (de 6 à 9 – partie du haut de la grille).

Etape 3

Les participants décrivent leur ressenti actuel (humeur ou émotion) à l'aide de *30 descripteurs affectifs* proposés :
- Ils choisissent 1 à 3 descripteurs pouvant correspondre à leur état affectif actuel, en y mettant une croix ; s'ils souhaitent, ils peuvent en utiliser davantage.
- Ils indiquent la pertinence (ou l'intensité) de chacune de ces qualités affectives choisies sur une échelle de Likert allant de 0 à 9 (faible à élevé) (*e.g.*, le descripteur « anxieux » sera marqué par « 6 » lorsque le vécu est « plutôt anxieux », ou « 9 » lorsqu'il est « extrêmement anxieux »).

Remarque : Les conseillers insistent sur l'importance d'examiner l'ensemble des descripteurs (tout du moins au début) afin que les participants puissent se familiariser au mieux avec chacun d'eux.

Etape 4

Les participants évaluent les processus accompagnant leurs états affectifs en se focalisant au maximum *sur les 30 dernières minutes,* en examinant le niveau de pertinence des 6 items présentés successivement. Le degré de pertinence (ou d'intensité) se fait sur une échelle de Likert allant de 0 à 4 (« pas du tout d'accord » à « tout à fait d'accord »). Les items renvoient aux 5 dimensions principales du DOE et se présentent comme suit :

Représentation cognitive des émotions (REPCOG) :

« J'ai identifié (distingué, nommé) les états affectifs dans lesquels je me suis trouvé. »

Perception des indicateurs émotionnels internes (PERINT) :

« J'ai remarqué (senti, perçu) des réactions corporelles internes liées à mon état affectif. »

Perception des indicateurs émotionnels externes (PEREXT) :

« J'ai remarqué (senti, perçu) des réactions corporelles visibles en lien avec mon état affectif. »

Régulation des émotions (REGEMO) :

« J'ai atténué ou reporté mes états affectifs. » => Item renvoyant essentiellement au registre négatif (« affect repair » ; down-regulation).

« J'ai maintenu ou intensifié mes états affectifs. » => Item renvoyant essentiellement au registre positif (« affect maintain / amplification » ; up-regulation).

Communication et expression émotionnelle (COMEMO)
(6) J'ai exprimé/communiqué mon état affectif vis-à-vis d'autrui. »

Etape 5
- Les participants précisent le *contexte social* dans lequel ils se trouvent *au moment de l'évaluation* : (je suis) en compagnie de : 1. partenaire, 2. membre(s) de la famille, 3. ami(s) et / ou amie(s), 4. autre(s) personne(s), 5. seul(e)
- Et s'ils sont en *interaction* (communication verbale ou non verbale) : 1. oui, 2. non
- Ils indiquent le *lieu* où ils se trouvent au moment de l'évaluation : 1. chez moi, 2. ailleurs.
- Finalement, ils précisent le *type d'activité* qu'ils effectuent au moment de l'évaluation : 1. travail ou autres tâches assumées, 2. tâches ménagères / administratives ou commissions, 3. discussion, 4. loisirs-plaisirs, activité sportive, 5. repas, boire un café, en pause, 6. repos, prendre soin de soi, « farniente », 7. autre.

Remarque : Pour plus de précisions concernant le fonctionnement et l'utilisation du LAM-DOE, y compris la version informatisée, les conseillers peuvent se référer au manuel d'utilisation (Reicherts et al., 2008) et à l'article (Reicherts et al., 2007).

Module 2 : Représentation cognitive des émotions

Le module basé sur la Représentation cognitive des émotions poursuit les objectifs suivants :

- Distinguer, comparer et différencier les états affectifs dans le but de pouvoir se les représenter précisément (Fonction de conceptualisation).
- Pouvoir nommer les états affectifs afin de pouvoir notamment les exprimer verbalement.
- Evaluer et apprécier la situation / le contexte en lien avec le ressenti (Fonction d'évaluation ; « appraisal »). Il s'agit également de clarifier et de renforcer le caractère adaptatif d'une émotion, tout en connaissant également son côté inadapté.

Module-2-1 : Interventions proposées

(1) Discussion sur l'utilisation du « Carnet de bord ». Passage en revue des difficultés rencontrées et mise en exergue de l'importance de cet instrument de mesure et d'apprentissage.

⇨ Temps approximatif : 5 minutes

(2) Entrée en matière à partir des connaissances initiales des participants sur la base de la tâche à domicile (voir Annexe A4). Les réponses des participants sont notées afin qu'elles puissent être discutées et complétées.

⇨ Temps approximatif : 20 minutes

Remarque : Il est important de mettre les participants en confiance afin qu'ils osent partager leurs connaissances initiales et favoriser leur émergence (processus d' « auto-régulation »).

(3) Travail sur la distinction entre les états affectifs (*i.e.,* « *noyau affectif* » (« core affect »), « *émotion* », « *épisode émotionnel* » et « *humeur* » (voir Annexe A6). Un approfondissement sur les émotions est ensuite effectué,

en caractérisant les émotions pures versus mixtes et primaires versus secondaires. Un focus est ensuite donné sur les émotions de base, universellement reconnaissables par les expressions faciales et corporelles. Pour travailler sur ce dernier point et en guise d'exemple, nous nous référons aux listes d'Ekman, d'Izard ainsi qu'aux descripteurs du LAM-DOE / carnet de bord. Le travail se fera ensuite principalement sur quatre émotions généralement considérées comme étant les plus fondamentales (Izard, 1977 ; Tomkins, 1984), à savoir la *peur*, la *colère*, la *tristesse / peine* et la *joie*.

Finalement, les conseillers donnent aux participants les listes d'adjectifs (voir Annexe A7) qui leur permettront d'exprimer de manière plus enrichie et nuancée leurs émotions. Ces listes servent également de base pour l'activité de consolidation de ce module.

⇨ Temps approximatif : 15 minutes

(4) Travail sur la base de vignettes relatant différentes situations impliquant diverses personnes (voir Annexe A8). Les conseillers demandent aux participants de décrire ce que vivent ces personnes (*e.g.,* Quels événements / situations externes ou internes à l'organisme ont déclenché l'émotion et quelle est cette émotion parmi les quatre retenues ?) Les conseillers invitent également les participants à décrire la manière dont est ressentie l'émotion en termes d'activation physiologique, de valence et d'intensité. Une discussion de groupe suit cet exercice dont le but est de rappeler la définition de l'émotion, sa fonction adaptative et la distinction entre les différents états affectifs.

Lors de cette discussion de groupe, les réponses des participants sont notées sur le flip chart.

⇨ Temps approximatif : 25 minutes

(5) Demander à une moitié des participants d'imaginer une situation qui génère de la *tristesse* et à l'autre une situation générant de la *joie* et de se représenter cette émotion. Les conseillers leur demandent ensuite de a) décrire ce qu'est la *tristesse / joie* pour eux, b) quand est-ce qu'ils la ressentent (dans quelle situation) et c) quels sont les autres états affectifs proches de cette émotion, tout en réfléchissant également à leur distinction. Il leur est ensuite demandé d'évoquer d) la manière dont se manifeste cette émo-

tion sur les différents registres, dont le niveau corporel et cognitif et finalement, e) la manière dont ils gèrent cette émotion. Les conseillers précisent que ces derniers points feront l'objet d'un travail lors des prochains modules.

Une discussion de groupe suit l'exercice au cours de laquelle les personnes décrivent leur ressenti. Les conseillers notent leurs réponses par catégorie sur un flip chart. Comme les participants se sont focalisés sur deux émotions différentes (tristesse et joie), la discussion porte également sur la distinction, la comparaison et la différenciation de ces deux états affectifs (fonction de conceptualisation).

⇨ Temps approximatif : 30 minutes

Remarques : *Pour ceux qui ont de la peine à s'impliquer dans une telle démarche, une situation fictive peut être envisagée.*

L'objectif est que chacun essaie, à travers cet exercice de se mettre réellement dans une situation générant l'émotion en question dans le but de faire (si possible) émerger le noyau affectif (« core affect »). Ce faisant, ils parviendront à être davantage proche de l'émotion et de ressentir des sensations corporelles liées à celle-ci. Les conseillers insistent sur le fait que ce dernier point touche déjà le contenu des modules d'entraînement suivants et ne fera ainsi pas l'objet d'un approfondissement dans ce module.

Les conseillers peuvent aider les participants à rester proche de leur situation et à la visualiser clairement grâce aux phrases du type :

« Restez le plus proche possible de cette émotion, ressentez-la, symbolisez-la avec des mots, acceptez pleinement ce sentiment. Lorsque vous remarquez que votre attention commence à s'orienter vers autre chose, redirigez-la à nouveau vers cet état émotionnel et encouragez ce dernier à refaire surface ».

(6) Conclusion qui reprend très brièvement les différents éléments du module et qui permet de faire les liens avec les objectifs personnels des participants. Un résumé des différents concepts abordés est distribué (voir Annexe A5) et les tâches à domicile présentées.

⇨ Temps approximatif : 10 minutes

Module-2-2 : Activités à domicile

Activités de consolidation

Chaque participant a pour tâche de s'attarder sur les listes d'états affectifs distribuées (voir Annexe A6) et de les compléter en inscrivant les termes qui leur sont proches ou, à l'inverse, contraires / éloignés. Cette activité de consolidation incite les participants à se demander si tous leur sont connus, si certains sont vécus plus fréquemment que d'autres et s'ils sont capables de pouvoir les différencier / distinguer les uns des autres. Cette tâche à domicile permet un travail sur la distinction, la comparaison et la différenciation des états affectifs.

Activités de préparation en vue du module suivant

Les participants ont pour tâche de trouver une situation qui a généré de la *colère* et de la décrire brièvement par écrit afin de pouvoir y travailler lors de la séance prochaine (voir Annexe A8).

De plus, ils poursuivent leurs auto-observations sur le LAM-DOE / carnet de bord.

Module-2-3 : LAM-DOE et REPCOG

Valence affective et activation corporelle : le noyau affectif

- La grille des émotions intégrée au LAM-DOE permet de travailler sur le noyau affectif (« core affect »). Les participants doivent se focaliser sur leur état affectif actuel pour indiquer avec justesse l'emplacement géométrique correspondant au mieux à la combinaison « valence » et « activation corporelle » (Annexe B).

- En se focalisant sur le noyau affectif, les participants peuvent se diriger vers une prise de conscience (ou l'affiner) des liens causaux existant entre un stimulus (situation / événement) perçu comme significatif et ce registre affectif.

- La grille des émotions offre aussi l'opportunité de différencier plus finement la tonalité affective et les sensations corporelles associées à l'état affectif présentement évalué.

Intensité affective
- En évaluant des niveaux plus au moins élevés sur l'échelle de l'intensité affective, les participants peuvent être amenés à mieux distinguer entre ce qu'est une émotion et une humeur. Toutefois, l'intensité affective telle que mesurée avec le LAM-DOE renvoie à un état affectif complexe, puisqu'en effet ce n'est ni une émotion ni une humeur au sens strict qui est évaluées ici, mais un ensemble de ressenti affectif global. Rappelons que l'émotion se caractérise par une intensité plutôt élevée et l'humeur par une intensité plutôt faible. Les participants peuvent dès lors aller vers une meilleure appréhension de leur réalité émotionnelle, laquelle devrait, en principe, inclure peu de phénomènes du type « émotions », ces dernières étant par définition plutôt rares.

Descripteurs des états affectifs
- En recherchant le ou les qualificatifs correspondant à leur état affectif, les participants entament (ou affinent) un travail de distinction, de différenciation et de comparaison entre les différents états affectifs. Ce travail de conceptualisation permet, en outre, de nommer clairement son ressenti. Il amène aussi à mieux discerner la valence affective, avec une coloration soit positive (*e.g.*, joyeux), neutre (*e.g.*, surpris) ou négative (*e.g.*, triste) associée à l'état affectif. Il offre finalement une perception plus claire des liens entre un état émotionnel et son degré d'activation physiologique, lequel peut se situer sur un niveau bas (*e.g.*, relaxé), modéré (*e.g.*, amusé) ou élevé (*e.g.*, furieux).

Suite aux interventions exercées dans ce Module 2, on pourrait potentiellement observer un impact sur les données ultérieures du LAM-DOE. En travaillant sur REPCOG, les participants peuvent se diriger vers une auto-observation plus fine et plus spécifique de leurs états affectifs.

Item du DOE relatif à REPCOG

« J'ai identifié (distingué, nommé) les états affectifs dans lesquels je me suis trouvé. »

Module 3 : Perception des indicateurs corporels internes et externes

Bref résumé de ce qui a été vu lors de la séance précédente puis présentation des objectifs du présent module, à savoir :

- Devenir davantage attentif aux phénomènes corporels [internes (*e.g.*, processus gastro-intestinaux, cardio-vasculaires et respiratoires) et externes (*e.g.*, processus somato-musculaires, mouvements, tensions et gestes)] qui accompagnent un état affectif pour enrichir son vécu affectif.
- Explorer ces phénomènes corporels afin d'en devenir plus conscient.
- Plus spécifique à PEREXT : repérer les indicateurs externes qui sont éventuellement en contradiction les uns avec les autres ou avec d'autres canaux (modalités), notamment l'expression et la signification linguistiques.

Module-3-1 : Interventions proposées

(1) Parcourir les éventuelles difficultés rencontrées avec l'utilisation du carnet de bord et insister sur l'importance de l'auto-observation.

⇨ Temps approximatif : 5 minutes

(2) Demander aux participants s'ils ont des questions concernant la tâche à domicile qu'ils ont réalisée en vue de la consolidation des éléments étudiés lors du module précédant. Discussion sur les adjectifs mal connus, voire mal différenciés les uns des autres et sur les difficultés éventuelles de leur associer des termes proches et / ou éloignés.

⇨ Temps approximatif : 10 minutes

(3) Projection par beamer (ou rétro projecteur) d'images émotionnellement chargées (voir annexe A10). A la vue de chaque image, les conseillers demandent aux participants de se focaliser sur les indicateurs internes,

voire externes, qui accompagnent l'émotion ainsi provoquée. Une discussion où chacun s'exprime sur ses perceptions internes et externes se fait après chaque image.

⇨ Temps approximatif : 25 minutes

Remarque : *Les conseillers encouragent les participants à rester en contact avec l'émotion engendrée par l'image au moyen des phrases suivantes :*

- *« Restez en contact avec cette émotion. »*
- *« Accompagnez et suivez les processus de votre corps en décrivant ce qui se passe, tout ce que vous remarquez et percevez... »*
- *« Restez présent avec ce phénomène sans le contrôler et sans essayez de l'influencer... »*

(4) Sollicitation de la participation d'un volontaire du groupe afin de relater sa situation de colère préparée à domicile à un des conseillers (récepteur) (voir la tâche à domicile de la séance précédente). Les participants et conseillers restants observent et repèrent les aspects non verbaux (gestes, posture, etc.) et para-verbaux (tonalité de la voix, soupirs, etc.) qui transparaissent du dialogue. En se concentrant sur l'expérience de *colère* du participant, ils pourront fournir des feedbacks permettant à la personne volontaire de la compléter et de la rendre éventuellement plus adaptée à la situation. Ce dernier est ainsi rendu attentif à ses mouvements et positions spontanés accompagnant sa colère. L'exercice se termine par une mise en commun des observations qui seront inscrites sur un flip chart.

⇨ Temps approximatif : 20 minutes.

Il peut être intéressant de filmer l'interaction afin que chaque participant, y compris le volontaire, puisse la revoir.

Afin de rendre plus bénéfique cet exercice, certains mouvements de la personne qui illustrent l'émotion en question (colère) peuvent être repris, répétés et amplifiés jusqu'à ce qu'ils soient bien « sentis » et intégrés.

Exemple : Demander au participant de refaire le poing lorsqu'il relate une rencontre aversive afin de ressentir précisément l'expérience affective qui accompagne son geste. Si l'occasion se présente, le conseiller-observateur peut, dans un premier temps, demander au participant d'amplifier une tension musculaire ou un blocage afin d'en devenir conscient. Dans un second temps, il peut lui demander de réaliser un mouvement antagoniste au premier. Le but est de rendre explicite cette tension / blocage qui accompagne l'émotion ressentie.

Dans le cas où aucun participant ne souhaite relater sa situation, un des conseillers assume cette responsabilité et fait part de sa propre situation.

(5) Travail sur les photographies exprimant les différentes expressions faciales (voir Annexe A9). Une discussion de groupe porte ensuite sur les caractéristiques de chacune et sur l'importance de pouvoir les distinguer.

⇨ Temps approximatif : 20 minutes

(6) Les conseillers donnent quelques éléments explicatifs aux participants en se basant sur le texte présenté dans l'annexe A11. Les conseillers veilleront à faire des liens entre leurs explications et les exercices parcourus dans ce module ainsi qu'avec les objectifs individualisés des participants. Le concept de préparation à l'action (« action readiness ») est également abordé.

⇨ Temps approximatif : 20 minutes

(7) Conclusion qui reprend très brièvement les différents éléments du module et qui permet de faire les liens avec les objectifs individualisés. Les participants reçoivent également un résumé des différents concepts abordés (« Eléments explicatifs », Annexe A11) et les consignes pour la réalisation de leurs tâches à domicile.

⇨ Temps approximatif : 10 minutes

Exercices supplémentaires / optionnels

Nous présentons deux exercices optionnels pouvant être conduits à la place d'un autre exercice si les conseillers le souhaitent.

Demander aux participants de reprendre la situation de *colère* à laquelle ils ont pensé (voir la tâche à domicile de la séance précédente) et de se remettre dans cette situation tout en se focalisant sur ce qu'ils ressentent. Leur demander d'être spécialement attentifs à leurs sensations corporelles internes et externes accompagnant leur *colère*. Cet exercice leur permet de découvrir les différentes facettes corporelles liées à cette émotion.

Un tour de table afin que tous les participants puissent s'exprimer sur leur expérience est ensuite effectué durant lequel les conseillers notent les réponses des participants sur un flip chart.

⇨ Temps approximatif : 25 minutes

Remarque : Afin de renforcer l'impact de cet exercice, les conseillers peuvent encourager les participants par les phrases suivantes :

- *« Restez en contact avec… »*
- *« Accompagnez et suivez les processus de votre corps en décrivant ce qui se passe, tout ce que vous remarquez et percevez… » « Accueillez cette émotion. »*
- *« Restez présent avec ce phénomène sans le contrôler et sans essayer de l'influencer… »*

Les conseillers demandent aux participants de se représenter une situation et, sans nommer l'émotion associée à la situation en question (« felt sense »), ils vont se prononcer sur sa valence (positive vs négative). Il s'agit ensuite de faire émerger cette émotion de base à un niveau physiologique (« core affect »). Pour ce faire, nous encourageons les participants par des phrases du type :

- *« Mettez-vous en contact avec ce que vous ressentez dans votre corps. »*
- *« Restez en contact avec ces sensations. »*
- *« Accompagnez et suivez les processus de votre corps en décrivant ce qui se passe, tout ce que vous remarquez et percevez. »*
- *« Restez présent avec ce phénomène sans chercher à le contrôler ni à l'influencer. »*

Une discussion de groupe suit l'exercice durant laquelle chaque participant se prononce sur son expérience.

⇨ Temps approximatif : 25 minutes

Remarque : Le but de cet exercice visant le « felt sense » ou l' « awareness » (pleine conscience), inspiré de Gendlin (1981), est d'aider les participants à amplifier les sensations d'indicateurs affectifs (dans le but de pouvoir, par la suite, éventuellement les enrichir, ce qui sera abordé dans le quatrième module d'entraînement) ainsi que de les amener à rester en contact avec leur expérience émotionnelle, tout en détournant leur attention d'autres éléments perturbateurs dans leur champ attentionnel.

Cet exercice peut être conduit avec les quatre émotions de base retenues, à savoir la colère, la peur, la joie, la tristesse / la peine. L'important est que les participants se focalisent sur les sensations qu'ils ressentent (niveau interne) et qu'ils arrivent à ressentir dans quelle partie de leur corps elles se manifestent.

Module-3-2 : Activités à domicile

Activités de consolidation

Comme activité de consolidation, les participants doivent écouter une musique relaxante / agréable de leur choix en se focalisant sur les différentes parties de leur corps qui sont influencées par celle-ci. Les conseillers donnent les consignes suivantes aux participants :

- Prendre un instant durant lequel il est possible d'être tranquille et ne pas être dérangé.
- Choisir une musique relaxante et agréable.
- S'installer confortablement, assis ou couché.
- Fermer les yeux et respirer profondément avec le ventre.
- Etre attentif à son corps, aux sensations corporelles qui peuvent fluctuer durant l'exercice.

Activités de préparation en vue du module suivant

Chaque participant se voit attribuer par tirage au sort une des quatre émotions primaires, à savoir la *peur*, la *colère*, la *tristesse / peine* ou la *joie* (voir Annexe A12). On leur demande de réfléchir à une situation qui a généré l'émotion attribuée et de la formuler par écrit pour la séance suivante en se demandant déjà comment relater oralement leur situation.

Les participants poursuivent également leurs auto-observations sur le carnet de bord avec le LAM-DOE.

Module-3-3 : LAM-DOE et PERINT / PEREXT

Valence affective, activation corporelle : le noyau affectif
- Les auto-évaluations sur la grille des émotions visent notamment une prise de conscience de ses propres sensations corporelles, via l'évaluation combinée du degré d'agréabilité / désagréabilité et du degré d'activation physiologique, une combinaison, qui rappelons-le, renvoie au noyau affectif.
- Ces auto-observations permettent aussi de lier le ressenti corporel à des états affectifs plutôt positifs, neutres ou négatifs, et de mieux les relier aux descripteurs affectifs du LAM-DOE. Mieux comprendre ces liens amène à s'ouvrir davantage à son expérience émotionnelle. Par exemple, une sensation de tension nerveuse associée à l'élévation du rythme cardiaque reflétant une activation physiologique élevée peut s'associer à une émotion de valence négative (*e.g.,* la peur), mais aussi positive (*e.g.,* l'euphorie).

Bien-être physique
- L'évaluation du niveau de bien-être physique sur une échelle de Likert allant de 0 à 10 (bien-être faible à élevé), invitent les participants à entrer en contact avec leurs sensations corporelles.

Item du DOE relatif à PERINT

« J'ai remarqué (senti, perçu) des réactions corporelles internes liées à mon état affectif. »

Item du DOE relatif à PEREXT

« J'ai remarqué (senti, perçu) des réactions corporelles visibles en lien avec mon état affectif. »

Module 4 : Communication des émotions

Le module sur la communication des émotions poursuit les objectifs suivants :
- Connaître ou reconnaître l'importance de la communication et de l'expression volontaire de ses états affectifs et de la réciprocité.
- Etre capable de mettre des mots précis sur son vécu affectif dans le but de pouvoir le partager en fonction de la situation.
- Faire accompagner la communication verbale par une expression non-verbale adéquate en évitant les incongruences entre d'une part, l'émotion ressentie et d'autre part, les gestes, l'expression du visage, les expressions corporelles et la voix.
- Obtenir et pouvoir donner la validation affective à autrui (réciprocité).

Module-4-1 : Interventions proposées

(1) Demander aux participants s'ils rencontrent des problèmes liés à l'auto-observation et revenir sur les avantages d'une telle démarche.

⇨ Temps approximatif : 5 minutes

(2) Revenir sur la tâche à domicile de consolidation. Questionner les participants sur l'influence de l'écoute de la musique sur eux, et plus particulièrement, sur les parties de leur corps ainsi influencées. Ont-ils pu se focaliser sur leurs sensations corporelles ?

⇨ Temps approximatif : 10 minutes

(3) Les participants se mettent par deux. Un des deux (l'« acteur ») relate la situation sur laquelle il a travaillé en faisant attention à laisser transparaître l'émotion vécue lors de cette situation (voir la tâche à domicile de la séance précédente). Le second a pour tâche de reformuler ce qu'il a compris (éventuellement par synonymes ou paraphrases), validant ainsi l'expérience vécue par l'« acteur ». Ce dernier peut ainsi connaître l'effet de ses explications sur son interlocuteur et encore amener des compléments

ou des corrections si besoin est. A la fin de l'exercice, les deux participants inversent les rôles.

Une discussion de groupe suit cet exercice durant laquelle les participants s'expriment :

Sur leur expérience d'acteur :

- Qu'est-ce qui a été simple *versus* difficile dans le fait de communiquer leur situation à leur interlocuteur ?
- Quelles émotions / situations partagent-ils volontiers avec d'autres personnes – et lesquelles non ?
- Desquelles parlent-t-ils facilement et desquelles non ?
- Pourquoi certaines situations / émotions leur sont plus difficiles à communiquer alors que d'autres leur sont plus faciles ?

Sur leur expérience de récepteur :

- Quelles émotions arrivent-ils bien à se représenter, à dicerner *versus* lesquelles leur sont plus difficilement identifiables et pourquoi ?
- Comment s'expriment les émotions et à quoi peut-on les reconnaître lorsqu'elles sont exprimées ? (Aspect de la posture, de la mimique, de la voix, de l'expression verbale, etc.).

Il s'agit, au travers de cet exercice, de travailler sur la manière d'exprimer ses émotions de manière adéquate ainsi que de savoir montrer une bonne réciprocité affective.

⇨ Temps approximatif : 45 minutes

Remarques : Les conseillers observent les interactions et, si l'occasion se présente, peuvent intervenir en utilisant les techniques suivantes :

Demander au participant de redire ce qu'il vient de verbaliser ou de refaire un geste qu'il vient d'entreprendre dans le but de l'encourager à ressentir ce qui est associé à cette parole / geste (« Vous venez de faire... » ; «Pourriez-vous juste refaire / répéter... » ; « Qu'est-ce qui se passe lorsque vous le refaites...? » ; « Que ressentez-vous en le redisant... ? ». Dans un second temps, le participant est amené à redire les mots ou refaire les gestes de façon accentuée, voire exagérée.

Les conseillers relèvent également les éventuelles incongruences entre le niveau corporel et verbal.

(4) Afin de démontrer l'importance de la réciprocité dans un échange, les conseillers demandent à deux participants volontaires n'ayant pas fait partie du même groupe de refaire l'exercice C). Cependant, le récepteur, en plus d'être attentif au discours de l'acteur, devra compter dans sa tête de 1 à 100 (ou à rebours). Les conseillers vont ensuite demander aux deux participants de relater leur expérience à l'ensemble du groupe.

⇨ Temps approximatif : 15 minutes

Remarque : Si les autres participants souhaitent également faire l'exercice, 5 minutes supplémentaires peuvent être prises afin de permettre à ces derniers de pratiquer cet exercice par groupe de deux.

(5) Les conseillers montrent aux participants deux séquences vidéo ; l'une mettant en évidence une communication fonctionnelle et l'autre, non adéquate, des émotions. Chaque séquence est présentée, discutée puis comparée par les participants afin que ces derniers puissent distinguer une communication adéquate d'une communication non adéquate des émotions. Pour ce faire, les conseillers reviennent sur les parties de chaque séquence afin de mettre en évidence :

La manière de communiquer
- Est-ce que l'émetteur a pu communiquer la situation qui a généré l'émotion ?
- Est-ce qu'il a pu nommer l'émotion générée par la situation ?
- A-t-il fait accompagner la communication verbale par une expression non-verbale adéquate en évitant les incongruences entre d'une part, l'émotion ressentie et d'autre part, les gestes, l'expression du visage, les expressions corporelles et la voix ?
- Est-ce que l'émetteur a communiqué son état affectif à la première personne (« je ») ?

La répercussion de la communication sur le récepteur
- Est-ce que le récepteur a compris la situation vécue ainsi que l'émotion relatée ?
- A-t-il « validé » l'expérience telle que vécue par l'émetteur ?

⇨ Temps approximatif : 25 minutes

(6) Conclusion qui reprend très brièvement les différents éléments du module et qui permet de faire les liens avec les objectifs individualisés. Les participants reçoivent également un résumé des concepts abordés et les consignes pour les deux tâches à domicile de la semaine.

⇨ Temps approximatif : 5 minutes

Remarques générales concernant ce quatrième module : Il est particulièrement important dans ce module que les conseillers puissent régulièrement donner des feedbacks sur ce qu'ils comprennent et perçoivent des participants, dans le but de valider la communication et l'expression émotionnelles de ces derniers. Il importe également que les conseillers représentent un modèle pour le participant concernant leur manière de communiquer (manière qui peut être imitée).

Un travail en dyade ou en groupe est intéressant dans ce module, afin que certains participants puissent avoir la fonction d'observateurs. En effet, un tel travail permet un changement de rôle, l'observation d'autres personnes qui peuvent devenir des modèles ainsi que l'obtention d'un feed-back.

Exercice supplémentaire / optionnel

Cet exercice peut être effectué à la place d'un autre dans les groupes qui fonctionnent bien et comportent des participants qui ont de bonnes compétences émotionnelles.

Jeux de rôle par groupes de trois. Chaque personne endosse un rôle différent à tour de rôle, à savoir le rôle de l' « observateur », de l'« acteur » et celui de « récepteur ». L' « observateur » a pour objectif de regarder la scène jouée et d'observer ce qu'il s'y passe. L'« acteur », quant à lui, doit imaginer la scène suivante : une dame lui passe devant alors qu'il fait la colonne pour payer ses achats – puis il doit lui exprimer sa *colère* (voir Vignette sur la colère de l'Annexe A7). Finalement, le « récepteur » représente cette dame, dont le comportement laisse quelque peu à désirer.

Il s'agit, au travers de cet exercice, de travailler sur la manière d'exprimer adéquatement ses émotions. Les trois participants abordent cette question ensemble à la fin de l'exercice avant de rejoindre les autres groupes de participants pour une mise en commun sur ce qu'ils ont pu constater.

⇨ Temps approximatif : 30 minutes

Remarque : Afin que cet exercice soit mené au mieux, les participants auraient déjà dû participer au Module 5, à savoir celui portant sur la régulation des émotions. En effet, pour communiquer au mieux une situation de colère, une bonne gestion de ses émotions est nécessaire. De ce fait, nous demandons aux conseillers de rendre les participants attentifs à ce point.

Etant donné que le jeu d'acteur n'est pas une chose aisée pour tout le monde, les conseillers peuvent être amenés à jouer ce rôle à la place des participants.

Module-4-2. Activités à domicile

Activités de consolidation

Cette activité de consolidation est un exercice par écrit (voir Annexe A14). Les participants *rédigent une petite lettre* en imaginant s'adresser à une personne de leur entourage (concernée directement ou non par la situation en question) afin de lui communiquer une situation émotionnellement chargée. Les participants décrivent en quelques mots la situation, la manière dont ils la communiqueraient (y compris les émotions associées) et réfléchissent à l'impact de leur explication sur le destinataire. Ils évaluent finalement leur manière plus ou moins adéquate de communiquer en fonction des critères théoriques abordés dans l'exercice 5 de ce module.

Les conseillers insistent sur le fait que c'est uniquement le contenu du texte qui importe et non sa tournure orthographique ou grammaticale.

Activités de préparation en vue du module suivant

Chaque personne est amenée à faire une liste de leurs techniques personnelles mises en place afin de modifier (atténuer, augmenter ou maintenir) leurs sentiments (voir Annexe A15). La question suivante est posée pour les quatre émotions retenues : « Lorsque je me sens …, je… ».

Les participants poursuivent leurs auto-observations sur le LAM-DOE/carnet de bord.

Module-4-3. LAM-DOE et COMEMO

Les interventions pratiquées dans le Module 4 peuvent amener à une description plus pointue et plus juste des états affectifs. Grâce à la focalisation sur COMEMO, les participants peuvent arriver à une prise de conscience plus fine de leur expérience affective, puisque, rappelons-le, la communication des émotions renvoie à des comportements intentionnels.

Item du DOE relatif à COMEMO

« J'ai exprimé / communiqué mon état affectif vis-à-vis d'autrui. »

Module 5 : Régulation des émotions

Les objectifs fixés dans ce module sont :
- Apprendre aux participants des techniques afin de réduire, stabiliser ou encore de renforcer leurs états affectifs (négatifs et positifs) ainsi que modifier leur survenue, leur impact ou leurs conséquences. Si les participants connaissent déjà certaines techniques adéquates et efficaces, il s'agit de leur permettre de les utiliser de manière encore plus adéquate.
- Proposer, choisir, adapter et personnaliser les techniques de chaque participant.

Module-5-1 : Interventions proposées

(1) Vérifier que les participants poursuivent leurs auto-observations et leur demander s'ils rencontrent certains problèmes.

⇨ Temps approximatif : 5 minutes

(2) Voir si les participants ont eu des difficultés à communiquer leur situation émotionnellement chargée à autrui et si oui, s'attarder sur les aspects qui ont généré davantage de difficultés (voir Activité de consolidation du module précédent). Les conseillers demandent également aux participants si la lettre a été adressée à une personne directement impliquée dans la situation décrite ou à une tierce personne et s'ils pensent avoir réussi à faire partager cette situation de manière adéquate (si oui, pourquoi). Contrairement aux autres tâches à domicile, la lettre écrite par le participant reste en sa possession et n'est pas consultée par les conseillers, ni partagée avec les autres participants.

⇨ Temps approximatif : 10 minutes

(3) Mise en commun sur l'activité faite à domicile de préparation au module (voir Activité à domicile du module 4). Les participants énumèrent leurs stratégies en précisant si ces dernières peuvent être qualifiées a priori de

fonctionnelles ou non. Les conseillers notent leurs réponses en catégorisant tous les registres de techniques (voir tableau p. 28).

⇨ Temps approximatif : 15 minutes

(4) Les conseillers donnent quelques éléments explicatifs sur les stratégies de régulation des émotions (voir Annexes A16 et A17).

⇨ Temps approximatif : 10 minutes

(5) Présentation (*e.g.,* avec PowerPoint) sur les registres de techniques de régulation des émotions du DOE-IT (Annexe A17 et C). Pour chaque registre, une vignette d'exemple est abordée dans le but d'amener chaque participant à se prononcer sur le type de stratégie illustré par la vignette. Il s'agit tout d'abord d'introduire les stratégies situationnelles et cognitives.

⇨ Temps approximatif : 10 minutes

(6) Exercice portant sur la technique de la réévaluation. Pour entraîner cette stratégie, les conseillers montrent une vignette (voir Annexe A18) aux participants, qui auront pour tâche d'interpréter la situation qui y est décrite de différentes manières. Il est possible de poursuivre l'entraînement de cette technique en se basant sur un exercice tiré du manuel de Linehan (2000) dans lequel les conseillers demandent à un premier participant de faire part d'une situation, à un second de fournir une première interprétation de cette situation et à un troisième de mentionner l'émotion ainsi engendrée. Ensuite, pour le même événement, les conseillers demandent à une quatrième personne de donner une autre interprétation et à une cinquième d'imaginer l'émotion qui découlerait de cette dernière interprétation et ainsi de suite. A travers cet exercice, les participants prennent conscience que le fait de considérer différentes interprétations possibles d'une même situation est une manière de réguler ses états affectifs.

⇨ Temps approximatif : 20 minutes

(7) Explication de la technique de la résolution de problème et réalisation d'un exemple avec le groupe (voir Annexe A19).

⇨ Temps approximatif : 15 minutes

(8) Les conseillers continuent avec la présentation des techniques de régulation des émotions en abordant les stratégies de régulation du registre corporel et leurs exemples. La technique de la respiration abdominale est ensuite travaillée en séance (voir Annexes A20 et A21).

⇨ Temps approximatif : 15 minutes

Remarque : Il est utile de préciser que ces techniques permettent d'une part d'aboutir et de maintenir des émotions / humeurs positives et d'autre part, de calmer ses sentiments, d'atténuer ses émotions négatives et son excitation interne.

(9) Bref résumé du contenu de la séance et attribution des tâches à domicile.

⇨ Temps approximatif : 5 minutes

Module-5-2 : Activités à domicile

Activités de consolidation

Les participants s'entraînent aux techniques de respiration et remplissent *au moins une fiche* de résolution de problème (voir Annexe A19).

Activités de préparation en vue du module suivant

Les participants s'entraînent à la technique de la relaxation progressive selon Jacobson (1938) qui leur a été décrite durant ce module lors de la présentation du DOE-IT. Pour ce faire, les conseillers peuvent leur fournir un enregistrement, qui peut notamment être fait sur la base des textes présentés dans l'Annexe 22. Ils ont ainsi pour tâche d'entraîner cette technique, en étant attentifs à ce que cette dernière leur apporte et dans quelle situation elle peut se montrer particulièrement utile (voir Annexe A22).

Remarque : Nous rappelons aux participants qu'il est important qu'ils se mettent à l'aise (position agréable), qu'ils ferment les yeux et qu'ils respirent profondément (importance de la respiration abdominale). Seulement après, ils peuvent commencer à se focaliser sur leurs sensations corporelles (« Faites attention à ce qu'il se passe dans votre corps, dans quelle partie de votre corps ressentez-vous quelque chose ? »).

Les participants poursuivent leurs auto-observations sur le LAM-DOE / carnet de bord.

Module-5-3 : LAM-DOE et REGEMO

Il est possible qu'après avoir mené un travail sur REGEMO (portant à la fois sur le registre positif et le registre négatif), des participants perçoivent mieux leur propre régulation émotionnelle et en prennent conscience au cours de leurs évaluations sur le LAM-DOE.

Les données du LAM-DOE permettront d'établir un pont entre les états affectifs évalués et la façon dont les participants régulent leurs émotions.

Items du DOE relatifs à REGEMO

« J'ai atténué ou reporté mes états affectifs » (surtout registre négatif ; « affect repair »).

« J'ai maintenu ou intensifié mes états affectifs » (surtout registre positif ; « affect maintain » / « amplification »).

Module 6 : Régulation des émotions II et Séance préparant à l'avenir

Cette séance de clôture poursuit différents objectifs, à savoir :

- Apprendre et entraîner de nouvelles stratégies de régulation des émotions et donner aux participants l'occasion de revenir sur les techniques abordées dans le Module 5.
- Donner aux participants la possibilité de poser leurs questions, de revenir sur des éléments moins ou mal compris / intégrés et fournir des éventuels compléments. Ce point requiert une certaine flexibilité de la part des conseillers.
- Faire un tour de table en demandant aux participants ce qu'ils aimeraient particulièrement retenir de ces modules, ce qui leur a le plus apporté et intéressé et surtout comment faire pour que ce qui a été vu et appris lors des modules puissent perdurer au-delà de l'intervention (stabilisation de leurs acquisitions). Les conseillers amènent les participants vers l'élaboration d'un « contrat » individuel qui favorise l'adhérence de ces derniers après l'intervention.
- Faire le bilan sur la base de l'Evaluation des buts à atteindre (EBA) et évaluer avec chaque participant les progrès liés à l'intervention.

Module-6-1 : Interventions proposées

(1) Demander aux participants s'ils ont rencontré des problèmes avec les auto-observations.

⇨ Temps approximatif : 5 minutes

(2) Poursuivre le travail sur les registres de techniques de régulation des émotions du DOE-IT. S'attarder sur le registre corporel en demandant aux par-

ticipants de partager leur avis sur la relaxation progressive et en les amenant à discuter les effets de cette relaxation (en abordant également les effets de la respiration abdominale).

⇨ Temps approximatif : 10 minutes

(3) Afin de poursuivre sur le registre corporel, les conseillers proposent l'exercice de détente ci-dessous, tiré de Pull (2007, p. 112).

Les conseillers demandent à un participant, qui est assis, ses deux pieds bien à terre, ses yeux ouverts et ses mains posées sur ses jambes, de nommer cinq objets qu'il voit dans la salle (n'importe lesquels, en insistant sur le fait qu'il ne s'agit pas d'un test projectif et qu'aucun jugement par rapport aux objets choisis n'est porté). Après chaque objet énuméré, le participant effectue une profonde respiration abdominale. Les conseillers lui demandent ensuite d'énumérer cinq choses qu'il entend, toujours en prenant la peine de bien respirer entre chaque élément mentionné, puis cinq choses qu'il sent ou ressent (sensations externes, telles que le tissu des vêtements, la monture des lunettes, ou encore ses pieds qui touchent le sol, ou internes, telles qu'une sensation de chaleur, de calme, etc.). Les conseillers demandent ensuite à un autre participant (celui qui se trouve à côté) de mentionner quatre choses qu'il voit, entend, sent ou ressent, toujours en respirant profondément entre les objets mentionnés. Puis, de même avec trois, deux et une chose(s) vue(s), entendues et senties avec les participants suivants. Cela importe peu que le participant renomme plusieurs fois le même objet ; l'important étant que cet exercice puisse l'amener à un *état de détente*.

⇨ Temps approximatif : 15 minutes

Remarque : Les conseillers expliquent également aux participants que le fait de se concentrer sur la respiration empêche l'émergence de pensées parallèles.

Les conseillers n'interrompent pas un participant qui perd le fil en allant par exemple de « voir » à « sentir », étant donné que cela est généralement un signe de détente profonde.

(4) Les conseillers proposent aux participants un exercice d'imagerie (voir Annexe A23) grâce auquel ils sont amenés à se relaxer avec une respiration de plus en plus profonde.

⇨ Temps approximatif : 25 minutes

(5) Poursuivre avec les registres « social » et d'« utilisation de substances » du DOE-IT en exemplifiant ces techniques (voir Annexes A16 et A17).

⇨ Temps approximatif : 10 minutes

(6) Les conseillers donnent à chaque participant leur profil individuel sur les dimensions du DOE-IT contrasté aux valeurs de référence (voir pour un modèle de profil Annexe A24). Les participants, par groupe de trois, sont amenés à réfléchir sur leur profil et plus précisément, sur les stratégies qu'ils utilisent fréquemment versus rarement au regard de leur efficacité perçue. Une discussion de groupe est alors menée sur la manière d'optimiser l'usage et l'efficacité des stratégies déjà connues et sur l'intégration de nouvelles stratégies dans le but d'accroître leur répertoire de stratégies de régulation des émotions personnel.

⇨ Temps approximatif : 20 minutes

(7) Les participants réalisent une nouvelle évaluation des buts à atteindre (EBA ; Annexe A2), afin d'évaluer leurs progrès dans l'atteinte de leurs objectifs personnalisés. De même, un nouveau *contrat d'engagement* (Annexe A3) est signé, portant sur un engagement dans les *semaines postérieures* aux modules d'intervention.

⇨ Temps approximatif : 20 minutes

(8) A la fin de la séance, les conseillers demandent aux participants un feedback et les remercient chaleureusement pour leur participation et leur engagement.

Exercice supplémentaire / optionnel

Cet exercice peut être mené à la place d'un autre exercice si les conseillers le souhaitent. Il s'agit de l'exercice du *balayage corporel* (voir Annexe B25). Les conseillers invitent les participants à s'asseoir confortablement et à prendre conscience des parties de leur corps qui sont en contact avec le sol, la chaise, les accoudoirs, etc. Ils les amènent à être attentifs aux mouvements de leur corps engendrés par leur respiration (la cage thoracique qui monte et descend, les légers mouvements des narines selon qu'ils inspirent ou expirent, etc.). Puis, les participants sont invités à centrer leur attention sur une partie de leur corps (ex : leur main droite). Les conseillers guident ensuite leur attention sur différentes parties de leur corps (une à une) et l'exercice se termine par une centration sur la conscience du corps comme étant un tout.

Remarque : Les conseillers amènent les participants à prendre pleinement conscience des éventuels distracteurs (pensées, images, sensations, bruits, etc. qui sont normaux dans ce type d'exercice) et de développer une attitude d'acceptation et de patience à leur égard, pour ensuite rediriger leur attention sur le point de focalisation de l'exercice (Pull, 2014).

5. Bibliographie

Beck, A.T., Rush, A.J., Shaw, B.F. & Emery, G. (1979*). Cognitive therapy of depression*. New York : Guilford Press.

Biddle, S.J.H. (2000). Exercice, emotion, and mental health. In Y. Hanin (Ed.), *Emotions in sport (*pp. 267-292). Champaign, Ill. : Human Kinetics.

Bieling,P.J., McCabe, R.E. & Antony, M.M. (2006). *Cognitive-behavioral therapy in groups*. New York : Guilford Press.

Boiten, F., Frijda, N. & Wientjes, C. (1994). Emotions and respiratory patterns: review and critical analysis. *International Journal of Psychophysiology, 17*, 103-128.

Bouton, M.E., Mineka, S. & Barlow, D.H. (2001). A modern learning theory perspective on the etiology of panic disorder. *Psychological Review, 108* (1), 4-32.

Bridges, L.J., Denham, S.A. & Ganiban, J.M. (2004). Definitional issues in emotion regulation research. *Child Development, 75*(2), 340-345.

Brotheridge, C.M. & Lee, R.T. (2003). Development and validation of the emotional labour scale. *Journal of Occupational and Organizational Psychology, 76*, 365-379.

Burlingame, G.M., Fuhriman, A. & Johnson, J.E. (2002). Cohesion in group psychotherapy. In J.C. Norcross (Ed.), *Psychotherapy relations that work: therapists contributions and responsiveness to patients* (pp. 71-88). New York, Oxford : Oxford University Press.

Cacioppo, J.T., Uchino, B.N., Crites, S.L., Snydersmith, M.A., Smith, G., Berntson, G.G. & Lang, P. (1992). Relationships between facial expressiveness and sympathetic activation in emotion: A critical review, with emphasis on modeling underlying mechanisms and individual differences. *Journal of Personality and Social Psychology, 62*, 110-128.

Cottraux, J. (2011). *Les thérapies comportementales et cognitives* (5e éd.). Issy-les-Moulineaux : Elsevier Masson.

Cottraux, J. (éd.) (2014). *Thérapie cognitive et émotions. La troisième vague* (2e éd.). Issy-les-Moulineaux : Elsevier Masson.

Davison, G.C. & Neale, J.M. (2001). *Abnormal Psychology* (8th ed.). New York : Wiley.

De Gelder, B. (2006). Toward a biological theory of emotional body language. *Biological Theory, 1*(2), 130-132.

Eisenberg, N. & Spinrad, T.L. (2004). Emotion-related regulation: Sharpening the definition. *Child Development, 75*, 334-339.

Ekman, P. (1972). Universals and cultural differences in facial expression of emotion. In J.R. Cole (Ed.), *Nebraska Symposium on Motivation* (pp. 207-283). Lincoln : University of Nebraska Press.

Ekman, P. (1984). Expression and the nature of emotion. In K.R. Scherer & P. Ekman (Eds.), *Approaches to emotion* (pp. 319-344). Hillsdale, N.J.: Lawrence Erlbaum.

Ekman, P. (1993). Facial expression and emotion. *American Psychologist, 48*, 384-392.

Ellsworth, P. & Scherer, K.R. (2003). Appraisal processes in emotion. In R.J. Davidson, K.R. Scherer & H.H. Goldsmith (Eds.), *Handbook of affective sciences* (pp.572-595). Oxford : Oxford University Press.

Fahrenberg, J., Myrtek, M., Pawlik, K. & Perrez, M. (2007). Ambulatory assessment – monitoring behaviour in daily life settings. A behavioral-scientific challenge for Psychology. *European Journal of Psychological Assessment, 23*, 206-213.

Frijda, N.H. (1986). *The emotions.* Cambridge : Cambridge University Press.

Gendlin, E.T. (1981). *Focusing* (2nd Edition). New York : Everest House.

Greenberg, L.S. (2007). *Emotion-focused therapy : Coaching clients to work through feelings.* Washington, D.C. : American Psychological Association.

Gross, J.J. (1998). The emerging field of emotion regulation: An integrative review. *Review of General Psychology, 2* (3), 271-299.

Gross, J.J. & Thompson, R.A. (2007). Emotion regulation: Conceptual foundation. In J.J. Gross (Ed), *Handbook of emotion regulation* (pp. 3-24). New York : Guilford Press.

Haymoz, S. (2014). *Développement d'un programme d'intervention basé sur le modèle de l'Ouverture Emotionnelle et évaluation de son impact sur le traitement affectif.* Thèse de doctorat. Fribourg / Suisse : Université de Fribourg (publiée sur www.ethesis.unifr.ch).

Hochschild, A.R. (1979). Emotion work, feeling rules, and social structure. *American Journal of Sociology, 85*, 551-575.

Izard, C. (1977). *Human Emotions*. New York : Plenum.

Jacobson, E. (1938). *Progressive relaxation*. Chicago : Chicago University Press.

Kanfer, F.H. & Saslow, G. (1965). Behavioral analysis : An alternative to diagnostic classification. *Archives of General Psychiatry, 12*, 529-538.

Keltner, D., Ekman, P., Gonzaga, G.C. & Beer, J. (2003). Facial expression and emotion. In R.J. Davidson, K.R. Scherer & H.H. Goldsmith (Eds.), *Handbook of affective sciences* (pp. 415-432). Oxford : Oxford University Press.

Kreibig, S.D., Wilhelm, F.H., Gross, J.J. & Roth, W.T. (2007). Cardiovascular, electrodermal, and respiratory response patterns to fear and sadness-inducing films. *Psychophysiology, 44* (5), 787-806.

Krohne, H. W. (2003). Individual differences in emotional reactions and coping. In R.J. Davidson, K.R. Scherer & H.H. Goldsmith (Eds.), *Handbook of affective sciences* (pp. 698-725). Oxford : Oxford University Press.

Lang, P.J. (1984). Cognition and emotion: Concept and action. In C.E. Izard, J. Kagan & R.B. Zajonc (Eds.), *Emotion, cognition, and behaviour* (pp.192-226). New York : Cambridge University Press.

Lang, P.J., Bradley, M.M. & Cuthbert, B.N. (2008). *International affective picture system (IAPS) : Affective ratings of pictures and instruction manual. Technical Report A-8.* University of Florida, Gainesville, FL.

Lazarus, R.S. (1991). *Emotion and adaptation*. New York : Oxford University Press.

Levenson, R.W. (2003). Autonomic specificity and emotion. In R.J. Davidson, K.R. Scherer & H.H. Goldsmith (Eds.), *Handbook of affective sciences* (pp.212-224). Oxford : Oxford University Press.

Lieberman, M.A., Yalom, I.D. & Miles, M. (1973). Encounter groups – first facts. New York : Basic Books.

Linehan M. M. (2000). *Manuel d'entraînement aux compétences pour traiter le trouble de personnalité état-limite.* Genève : Editions Médecine & Hygiène.

Mascolo, M.F., Fischer, K.W. & Li, J. (2003). Dynamic development of component systems of emotions: Pride, shame, and Guilt in China and the United States. In R.J. Davidson, K.R. Scherer & H.H. Goldsmith (Eds.), *Handbook of affective sciences* (pp.375-408). Oxford : Oxford University Press.

Matsumoto, D. (1987). The role of facial response in the experience of emotion: More methodological problems and meta-analysis. *Journal of Personality and Social Psychology, 52*, 769-774.

Meichenbaum, D. (1985). *Stress inoculation training.* New York : Pergamon Press.

Öst, L.-G. (1987). Applied relaxation: Description of a coping technique and review of controlled studies. *Behaviour research and therapy, 25* (5), 397-409.

Öst, L.-G. & Westling, B.E. (1995). Applied relaxation vs cognitive behaviour therapy in the treatment of panic disorder. *Behaviour research and therapy, 33* (2), 145-158.

Pauls, H. & Reicherts, M. (2012). *Zielorientierung und Zielerreichungsanalyse in der psychosozialen Fallarbeit. Eine Arbeitshilfe für Beratung, Soziale Arbeit, Sozio- und Psychotherapie* (2. durchges. Aufl.). Schriftenreihe zur psychosozialen Gesundheit. Coburg : ZKS-Verlag.

Pennebaker, J.W. (1982). *The Psychology of physical symptoms.* New York : Springer.

Pennebaker, J.W. (1995). *Emotion, disclosure, and health.* Washington, D.C. : American Psychological Association.

Perrez, M. & Baumann, U. (2005). Systematik der klinisch-psychologischen Intervention. In M. Perrez & U. Baumann (Eds.), *Lehrbuch Klinische Psychologie - Psychotherapie* (pp. 378-397). Bern : Huber.

Perrez, M. & Reicherts, M. (1992). *Stress, coping, and Health. A situation-behavior approach.* Seattle : Hogrefe & Huber Publishers.

Philippot, P. (2007). *Emotion et psychothérapie : émotion, intervention, santé.* Wavre : Mardaga.

Pittet, A. (2012). *Ouverture émotionnelle et modules d'intervention : mesure de l'impact d'une intervention groupale basée sur le modèle de l'Ouverture émotionnelle sur le traitement affectif des sujets adultes tout-venant.* Mémoire de Master non publié. Fribourg/Suisse : Université, Département de Psychology.

Pull, M.-C. (2014). Thérapie de groupe et gestion des émotions. In J. Cottraux, *Thérapie cognitive et émotions. La troisième vague* (2e éd.) (pp. 97-136). Paris : Elsevier Masson.

Reicherts, M. (1999b, Septembre). *Dimensions de l'ouverture émotionnelle (DOE). Concept théorique, instrument et validation.* Poster présenté au Congrès de la SSP, Fribourg.

Reicherts, M. (1999a). *Comment gérer le stress ? Le concept des règles cognitivo-comportementales.* Fribourg / Suisse : Editions Universitaires.

Reicherts, M. (2007). *Dimensions of Openness to Emotions (DOE). A Model of Affect Processing. Manual* (Scientific Report No 168). Fribourg : Université de Fribourg, Département de Psychologie.

Reicherts, M. (2014). *Emotionale Offenheit und Emotionsregulation in der sozialtherapeutischen Arbeit mit jungen Menschen.* Ein neuer Ansatz. Coburg : ZKS-Verlag.

Reicherts, M. (2015). *L'entretien psychologique et le counselling. De l'approche centrée sur la personne aux interventions ciblées* (2ème éd.). Coburg : Edition ZKS.

Reicherts, M. & Genoud, Ph.A. (2012). Les instruments « DOE ». Développement, modélisation et caractéristiques psychométriques. In M. Reicherts, Ph.A. Genoud & G. Zimmermann (éds.), *L'Ouverture émotionnelle. Une nouvelle approche du vécu et du traitement émotionnels* (pp. 43-56). Bruxelles : Mardaga.

Reicherts, M. & Haymoz, S. (2011). *Inventaire des techniques de régulation des émotions (DOE-IT).* Fribourg / Suisse : Université de Fribourg, Département de Psychologie.

Reicherts, M. & Pauls, H. (en prép.). L'analyse des buts à atteindre – une méthode pour l'analyse de cas singulier. In Reicherts, M. & Genoud, Ph.A., *L'analyse de cas singulier dans la pratique et la recherche psycho-sociales. Bases – méthodes – applications.* Collection Santé Psycho-Sociale. Coburg : Edition ZKS-Verlag.

Reicherts, M., Pauls, H., Rossier, L. & Haymoz, S. (2012). L'Ouverture émotionnelle dans les interventions psychologiques. Bases conceptuelles et éléments pratiques. In M. Reicherts, P.A. Genoud & G. Zimmermann (éds.), *L'Ouverture émotionnelle – une nouvelle approche du vécu et du traitement émotionnels* (pp. 199-214). Bruxelles : Mardaga.

Reicherts, M., Salamin, V., Maggiori, C. & Pauls, K. (2007). The Learning Affect Monitor (LAM): A computer-based system integrating dimensional and discrete assessment of affective states in daily life. *European Journal of Psychological Assessment, 23* (4), 268-277.

Reicherts, M., Salamin, V., Maggiori, C., Pauls, K., Hulmann, C. & Walther, T. (2008). *Manuel de l'utilisation du „Learning Affect Monitor": LAM-DOE* (Version 2). Fribourg : Université, Département de psychologie.

Reicherts, M., Genoud, P.A. & Zimmermann, G. (éds.) (2012). *L'Ouverture émotionnelle – une nouvelle approche du vécu et du traitement émotionnels.* Bruxelles : Mardaga.

Reicherts, M., Genoud, P.A., Maggiori, C. & Molina, L. (2012). L'Ouverture émotionnelle dans le couple. Le traitement affectif « offert » et « reçu » entre les partenaires. In M. Reicherts, P.A. Genoud & G. Zimmermann (éds.), *L'Ouverture émotionnelle – une nouvelle approche du vécu et du traitement émotionnels* (pp. 199-214). Bruxelles : Mardaga.

Rimé, B. (2007). Interpersonal emotion regulation. In J.J. Gross (Ed.), *Handbook of emotion regulation* (pp.466-485). New York : Guilford Press.

Russell, J.A., Weiss, A. & Mendelsohn, G.A. (1989). Affect grid: A single-item scale of pleasure and arousal. *Journal of Personality and Social Psychology, 57*, 493-502.

Salamin, V. (2009). *L'affectivité au quotidien dans les troubles somatoformes*. Thèse de doctorat. Fribourg / Suisse, Université de Fribourg (publiée sur www.ethesis.unifr.ch).

Scherer, K.R. (2003). Introduction: Cognitive components of emotion. In R.J. Davidson, K.R. Scherer & H.H. Goldsmith (Eds.), *Handbook of affective sciences* (pp. 563-571). Oxford : Oxford University Press.

Scherer, K.R., Johnstone, T. & Klasmeyer, G. (2003). Vocal expression of emotion. In Davidson, K.R. Scherer & H.H. Goldsmith (Eds.), *Handbook of affective sciences* (pp. 433-456). Oxford : Oxford University Press.

Schlicht, W. (1994). Does physical exercice reduce anxioux emotions? A meta-analysis. *Anxiety, Stress, and Coping, 6*, 275-288.

Stemmler, G. (2003). Methodological considerations in the psychophysiological study of emotion. In R.J. Davidson, K.R. Scherer & H.H. Goldsmith (Eds.), *Handbook of affective sciences* (pp.225-255). Oxford : Oxford University Press.

Tomkins, S.S. (1984). Affect theory. In P. Ekman (Ed.), *Emotion in the human face* (2nd ed., pp. 353-395). NewYork: Cambridge University Press.

Totterdell, T. & Holmann, D. (2003). Emotion regulation in customer service roles: Testing a model of emotional labor. *Journal of Occupational Health Psychology, 8*, 55-73.

Yalom, I.D. & Leszcz, M. (2005). *Theory and practice of group psychotherapy*. New York : Basic Books.

Van den Stock, J, Righart, R. & de Gelder, B. (2007). Body expressions influence recognition of emotions in the face and voice. *Emotion, 7,* 487-494.

Stéphanie Haymoz
Michael Reicherts

Vivre et réguler ses émotions
Modules d'intervention

Documents de travail

Table des matières

Annexe A : Contrats – Matériel de séance – Tâches à domicile   9
Annexe A1 : Annexe A1 : Contrat de participation   11
Annexe A2 : Evaluation des Buts à Atteindre (EBA)   14
Annexe A3 : Contrat d'engagement   20
Annexe A4 : Tâche à domicile du Module 1   21
Annexe A5 : Eléments explicatifs (1)   22
Annexe A6 : Liste des qualificatifs émotionnels   25
Annexe A7 : Vignettes   27
Annexe A8 : Tâche à domicile pour la préparation du module 3   31
Annexe A9 : Expressions faciales   32
Annexe A10 : Images pour l'induction émotionnelle   42
Annexe A11 : Eléments explicatifs (2)   50
Annexe A12 : Tâche à domicile pour la préparation du module 4   53
Annexe A13 : Séquences vidéo   57
Annexe A14 : Activité de consolidation pour le module 4   58
Annexe A15 : Activité pour la préparation du module 5   59
Annexe A16 : Eléments explicatifs (3) : techniques de régulation des émotions   60
Annexe A17 : Présentation des registres du DOE-IT   62
Annexe A18 : Exercice de réévaluation   63
Annexe A19 : Fiche d'aide à la résolution de problème   64
Annexe A20 : Eléments explicatifs (4) : la respiration   66
Annexe A21 : Exercice de respiration   67
Annexe A22 : Activité de consolidation pour le module 6 : relaxation   68
Annexe A23 : Exercice d'imagerie   75
Annexe A24 : Exemple de profil individuel de régulation   76
Annexe A25 : Exercice de détente   78

Annexe B : Carnet de Bord (LAM-DOE)   79
Consignes   81
Feuilles d'enregistrement   89
Exercices / entraînement   92
Item-key et dépouillement   99

Annexe C : Questionnaires   103
Liste des Descripteurs Affectifs (LDA)   105
Dimensions de l'Ouverture Emotionnelle (DOE-36)   109
DOE-IT Inventaire des Techniques de régulation des émotions   115

Bibliographie   133

Annexe A

Contrats
Matériel de séance
Tâches à domicile

Annexe A1 : Contrat de participation

Chère participante, cher participant,

Pouvoir mieux gérer son vécu et traitement affectifs est en lien avec la santé physique et psychique. Ainsi, le présent programme propose d'y travailler sur 6 séances en groupe réunissant 6 à 8 participants.

Séance d'information
Une première séance d'information sur le contenu du programme et le déroulement du travail groupal est organisée avant le commencement des groupes avec chaque participant rencontré individuellement.

Module d'introduction (Module 1)
Lors de cette première séance, vous serez tout d'abord amené-e à faire connaissance avec les autres participant-e-s du groupe ainsi qu'avec les conseillers-ères / psychologues qui vous encadreront tout au long des séances. Dans un deuxième temps, des informations sur les modules d'entraînement et le matériel de travail y relatif vous seront communiquées et les conseillers-ères / psychologues répondront à vos éventuelles questions.

Deuxième module (Module 2)
Le premier module d'entraînement porte sur la possibilité de distinguer, comparer et différencier ses états affectifs ainsi que de les nommer. Il s'agit alors d'apprendre à mettre les bons mots sur les émotions que vous éprouvez dans le but notamment de les exprimer verbalement ainsi que d'enrichir et d'élargir le sens de votre vécu affectif.

Troisième module (Module 3)
Le deuxième module d'entraînement permet d'explorer, de repérer et d'être conscient-e des phénomènes internes et externes qui accompagnent une émotion au niveau corporel.

Quatrième module (Module 4)
Le travail effectué lors de ce module porte sur la communication et l'expression de ses états affectifs à autrui. Il s'agit d'apprendre à mieux faire part, montrer et partager ce que nous ressentons.

Cinquième module (Module 5)

Les buts visés dans ce quatrième module d'entraînement sont d'une part, d'apprendre des techniques afin de réduire, de stabiliser ou encore, de renforcer ses états affectifs (négatifs et positifs) et d'autre part, de modifier la survenue et les conséquences de ces derniers.

Module de clôture (Module 6)

Ce dernier module est une séance de clôture comportant encore un travail sur certaines techniques de régulation des émotions.

Les modules d'entraînement que nous vous proposons comprennent des exercices pratiques, des éléments explicatifs sur le traitement affectif ainsi que des tâches à domicile ; ces derniers étant nécessaires pour transférer et ancrer les éléments appris en séance dans votre vie quotidienne et, ainsi, améliorer l'impact des modules sur votre santé physique et psychique.

Ces modules se dérouleront aux dates suivantes :
_____ / _____ / _____ / _____ / _____ / _____ entre _____ et _____ heures dans les locaux _____ à _____ et seront encadrés par les conseillers suivants : _____.

Afin de favoriser l'atteinte des objectifs fixés et un bon fonctionnement groupal, il est important que vous puissiez vous engager à respecter les points suivants :
- Il est essentiel que vous puissiez assister à l'ensemble des séances programmées (1 séance individuelle et 6 séances groupales).
- En cas d'absence, il est nécessaire que vous vous informiez sur le contenu abordé durant la séance selon la modalité proposée par les conseillers lors de la première séance (ex : lecture des éléments explicatifs relatifs à la séance manquée)
- Il est important de prévenir les conseillers en cas de retard ou d'absence afin que ces derniers puissent transmettre l'information à l'ensemble du groupe. La séance manquée et non excusée vous sera facturée.
- Il est fondamental que vous puissiez vous engager à effectuer les auto-observations quotidiennes deux fois par jour (5 minutes par jour en tout), les tâches à domicile entre chaque séance (approximativement 1h par semaine) et remplir les questionnaires portant sur le traitement affectif à trois reprises (entre la séance d'information et le premier module groupal, à la fin du programme et deux mois après, approximativement 30 minutes par fois).

- Certains exercices font référence à des expériences personnelles. C'est pourquoi, il est primordial que la confidentialité dans le groupe soit garantie. Aucun contenu personnel ne doit être communiqué à une personne extérieure au groupe.

Afin de confirmer votre engagement à ces séances et le respect des règles y relatives, nous vous demandons de bien vouloir signer ci-dessous. Les conseillers confirmeront par leur signature sur ce même document, lors du premier entretien, leur engagement à également respecter les conditions susmentionnées.

Lu et approuvé par le participant

Lieu et date :   Signature :
_____

Lu et approuvé par le(s) conseiller(s)

Lieu et date :   Signature :

Lieu et date :   Signature :
_____

Annexe A2 : Evaluation des Buts à Atteindre (EBA) (Pauls & Reicherts, 2012)

1ère étape :

1) Choix des buts à atteindre dans l'intervention (entre 2 et 5 buts) à partir de la liste d'objectifs pré-établis (ou objectifs personnels en lien avec le traitement affectif).
2) Description opérationnelle des buts en visant un état optimal réaliste à la fin de l'intervention.
3) Pondération des buts en leur répartissant 100 points en fonction de leur importance perçue.

2ème étape :

1) Estimation / évaluation de l'atteinte des buts en se basant sur l'échelle suivante :

    100% : complètement atteint / amélioré
    75% : nettement amélioré
    50% : sensiblement amélioré
    25% : légèrement amélioré
    0% : inchangé

Les aggravations sont évaluées de manière similaire, mais avec le signe négatif (exemple : -25%)

3ème étape :

1) calcul d'un indice de changement spécifique (changement x poids) par but et d'un indice de changement composite (somme des indices de changement spécifique)
2) Interprétation et analyses ultérieures

Date : _____

Difficulté	Désignation	But de changement optimal	Etat au début d'intervention	Poids	Séance 1 (%)	Séance 6 (%)	Post-test (%)	Suivi (%)
1.	Régulation de la colère.	Arriver à réguler ma colère afin de la faire diminuer et de ne pas exploser.	Sous l'emprise de la colère, ne pas arriver à la maîtriser et en parler calmement avec les autres. Je dois m'éloigner des autres pour ne pas exploser de colère.	70	100 75 50 25 0 IV=	100 75 50 25 0 IV=	100 75 50 25 0 IV=	100 75 50 25 0 IV=
2.	Communication des émotions négatives.	Arriver à communiquer mes émotions négatives, tout d'abord à mes proches.	Ne pas arriver à communiquer mes émotions négatives, même avec ma famille proche. Quand je ressens quelque chose de négatif, je n'arrive pas à en parler	30	100 75 50 25 0 IV=	100 75 50 25 0 IV=	100 75 50 25 0 IV=	100 75 50 25 0 IV=
				10	IV=	IV=	IV=	IV=

Commentaires :

100% : complètement atteint / amélioré
75% : nettement amélioré
50% : sensiblement amélioré
25% : légèrement amélioré
0% : inchangé
Les aggravations éventuelles sont évaluées de manière similaires mais avec le signe négatif (exemple : -25%)

Date : _____

Difficulté	Désignation	But de changement optimal	Etat au début d'intervention	Poids	Séance 1 (%)	Séance 6 (%)	Post-test (%)	Suivi (%)
1.					100 75 50 25 0	100 75 50 25 0	100 75 50 25 0	100 75 50 25 0
					IV=	IV=	IV=	IV=
2.					100 75 50 25 0	100 75 50 25 0	100 75 50 25 0	100 75 50 25 0
					IV=	IV=	IV=	IV=
3.					100 75 50 25 0	100 75 50 25 0	100 75 50 25 0	100 75 50 25 0
					IV=	IV=	IV=	IV=

Date : _____

Difficulté	Désignation	But de changement optimal	Etat au début d'intervention	Poids	Séance 1 (%)	Séance 6 (%)	Post-test (%)	Suivi (%)
4.					100 75 50 25 0	100 75 50 25 0	100 75 50 25 0 IV=	100 75 50 25 0 IV=
5.					100 75 50 25 0	100 75 50 25 0	100 75 50 25 0 IV=	100 75 50 25 0 IV=
							IV=	IV=
							GVI=	GVI=

Evaluation des buts à atteindre – liste des objectifs pré-définis

MODULE 1 : REPCOG

- Distinguer, comparer et différencier des états affectifs (fonction de conceptualisation).

- Pouvoir nommer les émotions ressenties afin de pouvoir les exprimer verbalement et enrichir et élargir le sens du vécu affectif.

- Evaluer la situation / le contexte en lien avec le ressenti (fonction d'évaluation ; « appraisal »).

MODULE 2 : PERINT / PEREXT

- Connaître des phénomènes affectifs corporels et devenir davantage attentif à ses propres phénomènes corporels [internes (processus gastro-intestinaux, cardio-vasculaires et respiratoires) et externes (processus somato-musculaires, mouvements, tensions et gestes)] qui accompagnent un état affectif.

- Explorer ces phénomènes corporels afin d'en devenir plus conscient.

- Enrichir le vécu affectif.

- Plus spécifique à PEREXT : repérer les indicateurs externes (processus somato-musculaires, mouvements, tensions et gestes) qui sont éventuellement en contradiction les uns avec les autres ou avec d'autres canaux (modalités), notamment l'expression et la signification linguistiques.

MODULE 3 : COMEMO

- Connaître / reconnaître l'intérêt de la communication et de l'expression volontaire de ses états affectifs.

- Connaître / reconnaître l'importance des échanges des états affectifs et de la réciprocité.

- Etre capable de clarifier ce que l'on veut faire savoir à une autre personne, et ceci en fonction de la situation.

- Etre capable de mettre des mots précis sur son vécu affectif dans le but de pouvoir le partager.

- Faire accompagner la communication verbale par une expression non-verbale adéquate en évitant les incongruences entre d'une part, l'émotion ressentie et d'autre part, les gestes, l'expression du visage, les expressions corporelles et la voix.

- Obtenir et pouvoir donner la validation affective à autrui (réciprocité).

MODULE 4 : REGEMO

- Apprendre des techniques afin de réduire, stabiliser ou encore, de renforcer les états affectifs (négatifs et positifs) ainsi que de modifier leur survenue et leurs conséquences.

- Proposer et personnaliser les techniques de chaque participant.

Annexe A3 : Contrat d'engagement

Moi, _____, je m'engage à essayer d'améliorer les points suivants :

- _____
- _____
- _____
- _____
- _____

Que puis-je mettre en place pour y arriver ?

- _____
- _____
- _____
- _____
- _____

Quelles sont mes motivations / intérêts ?

- _____
- _____
- _____
- _____
- _____

Par ma signature, je m'engage à respecter ce contrat durant les _____ semaines à venir. Dans le cas échéant, je m'engage à le signaler aux conseillers.

Date et signature : _____

Annexe A4 : Tâche à domicile du Module 1

Répondez brièvement aux questions suivantes :

1. Quelle définition donneriez-vous au mot « émotion » ?

2. Quelles émotions connaissez-vous ?

3. Que représentent pour vous les émotions ?

4. Quelle place ont-elles dans votre quotidien ? (Importance du vécu affectif au quotidien)

5. Quel rôle jouent-elles dans votre quotidien ? (Fonctionnalité du vécu affectif)

Annexe A5 : Eléments explicatifs (1) (voir Haymoz, 2014)

Il est important de distinguer les différents termes relatifs au vécu affectif, étant donné qu'ils reviennent régulièrement lors des modules d'intervention et qu'ils se différencient sur divers points essentiels.

Scherer (2005) définit l'**affect** comme étant une catégorie super-ordonnée regroupant tous les états affectifs de valence positive et négative, tels que les émotions, les épisodes émotionnels ou les humeurs. Il s'agit du terme englobant tout ce qui est vécu et ressenti par une personne, que ce soit plaisant ou déplaisant, de différents niveaux d'intensité, durée et déclencheurs ou patterns d'activation (Gray & Watson, 2007, in Humrichouse, Chmielewski, McDade-Montez & Watson, 2007).

Le **noyau affectif** (« core affect ») se définit comme étant le plus petit ressenti affectif accessible à la conscience. C'est ce qui est perçu en se concentrant sur son ressenti.

Ainsi, il se définit par la combinaison de la « valence affective » et de l' « activation corporelle » (Russell, 2003 ; Russell & Feldman Barrett, 1999).

⇨ La « valence affective » se réfère à la tonalité affective ressentie suite à un événement.
Ex. : « Est-ce que ce que l'on ressent est considéré comme étant plutôt positif / agréable ou négatif / désagréable ? »

⇨ L' « activation corporelle » ou « activation physiologique » concerne les manifestations physiologiques qui vont de pair avec l'état affectif vécu.
Ex. : « Est-ce que cette activation est plutôt faible (état de repos) ou, au contraire, plutôt élevée (état d'excitation) ? »

Les **émotions** se décrivent comme étant de plus courte durée, d'intensité élevée et comme étant provoquées par un événement ou un objet spécifique, significatif et pertinent pour l'individu. Elles entraînent un changement marqué de l'activation physiologique et des réactions comportementales, assurant ainsi sa fonction « adaptative ». Les émotions impliquent alors une série de changements synchronisés et interconnectés à la fois sur le plan mental (ex. : pensées) et corporel (ex. : activation du rythme cardiaque).

Au-delà de ces caractéristiques, nous définissons l'émotion au regard du modèle de Scherer (2005 ; « *component process of emotion* »), dans lequel il propose de considérer l'émotion comme un construit psychologique comprenant cinq composantes qui ont différentes fonctions et qui renvoient chacune d'elles à des sous-systèmes organiques et à des fonctions spécifiques intervenant dans l'adaptation de l'individu à la situation ou à l'événement déclencheur du processus. Les fonctions de ces composantes sont :

La *composante cognitive* permet l'évaluation des objectifs et des événements internes ou externes à l'organisme. Nous partons du principe que c'est la manière dont une personne évalue une situation qui donne lieu à l'émotion et qui détermine sa qualité et son intensité, plutôt que la situation elle-même (Siemer, Mauss & Gross, 2007). Une situation se voit alors conférer une signification émotionnelle (« évaluation émotionnelle » ; « *emotional appraisal* ») suite à différentes évaluations séquentielles. Scherer (1994a, 1994b) a identifié cinq dimensions fondamentales (évaluation de la nouveauté, de la valence, du rapport au but, du potentiel de maîtrise et du potentiel d'accord avec les normes). Ainsi, les émotions sont déterminées par une séquence d'évaluations dont les différentes combinaisons des dimensions et facettes permettent une gamme subtile et quasi infinie d'émotions (Philippot, 2007). Ces évaluations ne sont pas considérées comme des déclencheurs qui précèdent ou causent l'émotion, mais comme faisant partie de l'expérience émotionnelle en tant que telle.

La composante *neurophysiologique* a pour fonction d'assurer la régulation neurophysiologique de l'organisme. C'est-à-dire, dans le cas où la tendance à l'action est suffisamment activée (voir ci-dessous), des réponses émotionnelles sont déclenchées, telles que des changements physiologiques (*e.g.,* changements dans les systèmes nerveux, endocrinien et immunitaire), modifiant les réponses psychophysiologiques, telles que l'activité cardiovasculaire, électrodermale, gastro-intestinale ou pupillaire (Cacioppo, Tassinary & Berntson, 2000), mais aussi des niveaux d'hormones, de cellules immunitaires et d'anticorps (pour une revue voir Hamm, Schupp & Weike, 2003).

La composante *motivationnelle* prépare et dirige l'action (voir « *action tendencies* » ; Frijda, 1986) dans le but de faciliter certains patterns réactionnels pour permettre à l'organisme de réagir de manière immédiate et faire face à la situation émotionnellement chargée. Les tendances à l'action peuvent alors se définir comme étant des dispositions internes à effectuer des actions ou certains changements relationnels avec son environnement. Des profils d'évaluation émotionnelle spécifiques activeraient de manière automatique les tendances à l'action correspondantes (Frijda, Kuipers & Ter Schure, 1989, in Philippot, 2007). Bien que ces tendances à l'action constituent un bagage émotionnel inné, les apprentissages et les expériences émotionnelles de l'individu vont personnaliser ce bagage ; ce qui explique que certaines tendances à l'action s'activent plus facilement que d'autres chez certaines personnes.

La composante de l'*expression motrice* permet à l'individu d'exprimer ses réactions et de communiquer ses intentions comportementales. Par exemple, elle se caractérise par des modifications musculaires sur le visage, autorisant ainsi une communication non verbale de l'affect.

Finalement, la composante du *sentiment subjectif (« subjective feeling component »)* agit comme un dispositif de contrôle permettant de surveiller l'interaction entre l'état interne de l'individu et son environnement externe. Il s'agit de l'expérience émotionnelle qui va permettre à celui qui vit une émotion de se sentir dans un état particulier (Scherer, 2005).

Ces fonctions de l'émotion ont ainsi une influence sur différents processus, tels que la prise de décision (Baumeister, Zell & Tice, 2007 ; Loewenstein & Lerner, 2009), la détection du danger, la mémoire des événements importants (McGaugh & Cahill, 2009) ou encore sur notre manière de guider nos interactions sociales (pour un aperçu, voir Mikolajczak, Quoidbach, Kotsou & Nélis, 2009).

Il existe probablement autant d'émotions qu'il y a d'événements pour les engendrer. Cependant, certains chercheurs, tels que Ekman (1992), se sont attardés aux émotions dites de base, identifiables notamment de par le fait qu'elles sont reconnaissables au niveau facial et ceci dans nombre de contextes culturels. Selon Ekman, la joie, le dégoût, la surprise, la tristesse, la colère et la peur sont des émotions de base. Pour différentes raisons, nous avons choisi de travailler essentiellement sur la joie, la tristesse / peine, la colère et la peur.

Il convient également de distinguer les émotions **pures** vs **mixtes** (mélange de différentes émotions) et **primaires** (= émotion déclenchée directement par la situation) vs **secondaires** (= réponses ou réactions défensives face à des pensées ou des émotions primaires). Il est à noter que les émotions primaires peuvent être adaptées (*e.g.,* tristesse face à une perte ou peur face une menace) ou inadaptées (*e.g.,* anxiété exagérée, généralement apprise, par rapport à la situation vécue).

Les **humeurs** se différencient des émotions par leur durée plus longue et par leur intensité plus faible, et des épisodes émotionnels par leur intensité plus faible. Elles se distinguent également par leur caractère diffus (connoté positivement ou négativement) et par l'absence d'un événement particulier qui les déclenche.

Les **épisodes émotionnels** correspondent, quant à eux, à une succession d'émotions. Par exemple, une dispute avec son partenaire peut provoquer (1) de la tristesse, puis (2), de la colère et finalement (3), de la honte.

Annexe A6 : Liste des qualificatifs émotionnels

Descripteurs affectifs du LAM (Reicherts et al., 2007)

	Termes proches	Termes allant dans le sens opposé
Furieux-se		
Surpris-e		
Coupable		
Triste		
Exaspéré-e		
Content-e		
Dégoûté-e		
Etonné-e		
En colère		
Découragé-e		
Intéressé-e		
Amusé-e		
Heureux-se		
Mal à l'aise		
Joyeux-se		
Réjoui-e		
Calme		
Nerveux-se		
Irrité-e		
Enthousiaste		
Impuissant-e		
Emu-e		
Déçu-e		
Relaxé-e		
Serein-e		
Enervé-e		
Anxieux-se		
Déprimé-e		
Malheureux-se		
Ennuyé-e		

Emotions de base selon Ekman (1992)

	Termes proches	Termes allant dans le sens opposé
Joie	_____	_____
Tristesse	_____	_____
Surprise	_____	_____
Dégoût	_____	_____
Colère	_____	_____
Peur	_____	_____

Emotions de base selon Izard (1971)

	Termes proches	Termes allant dans le sens opposé
Joie	_____	_____
Tristesse	_____	_____
Surprise	_____	_____
Dégoût	_____	_____
Colère	_____	_____
Culpabilité	_____	_____
Peur	_____	_____
Timidité	_____	_____
Mépris	_____	_____
Intérêt / Attention	_____	_____

Annexe A7 : Vignettes

Vignettes sur la peur

Geneviève travaille dans un salon de jeux. Elle ferme généralement le salon vers 22 heures puis se dirige vers le parking se situant à 10 minutes à pieds de son lieu de travail, prend sa voiture et amène l'argent récolté durant la journée à la banque.

Cependant, depuis quelques temps, elle est très inquiète du fait qu'un homme semble l'attendre chaque soir à la sortie de son travail et l'observe.

Un soir, alors qu'elle se dirige vers le parking, elle se retrouve nez à nez avec cet homme. Il fait nuit et il n'y a personne dans les environs.

Marc travaille dans un salon de jeux. Il ferme généralement le salon vers 22 heures puis se dirige vers le parking se situant à 10 minutes à pieds de son lieu de travail, prend sa voiture et amène l'argent récolté durant la journée à la banque.

Depuis quelques semaines, Marc est inquiet. Il a lu dans les journaux qu'un groupe de ravisseurs s'attaquent violemment à des employés de salon de jeux afin de leur dérober le butin de la journée.

Un soir, en fermant la porte du salon, il entend des petits bruits dans les feuillages situés à quelques mètres. Il avance alors rapidement en direction du parking. Il voit devant lui un groupe de trois personnes l'attendant avec des battes de base-ball.

Vignettes sur la colère

Geneviève se trouve à la caisse et souhaite payer ses achats qu'elle a passés beaucoup de temps à chercher. Arrivée enfin en seconde position, une jeune dame lui passe devant et ceci en la bousculant et ne faisant pas mine de la considérer quelque peu. Geneviève, pour qui ce genre de comportement n'est pas tolérable, demande à la dame si elle ne l'avait pas vue. Celle-ci répond alors de manière impolie qu'elle l'avait vue, mais qu'elle était simplement pressée.

Marc se trouve à la caisse et souhaite payer ses achats qu'il a passés beaucoup de temps à chercher. Arrivé enfin en seconde position, un jeune homme lui passe devant et ceci en le bousculant et ne faisant pas mine de le considérer quelque peu. Marc, pour qui ce genre de comportement n'est pas tolérable, demande au jeune homme s'il ne l'avait pas vu. Celui-ci répond alors de manière impolie qu'il l'avait vu, mais qu'il était simplement pressé.

Geneviève gare sa voiture toute neuve dans une rue en plein centre-ville pour aller faire quelques courses. Elle est contente car elle reçoit des amis qu'elle apprécie beaucoup pour souper à la maison ce soir. Lorsqu'elle revient vers sa voiture, elle voit quelque chose sur la carrosserie. En s'approchant de plus près, Geneviève remarque une immense griffure le long d'une des portières. Elle regarde sur son pare-brise pour voir s'il y a un mot mais rien.

Marc gare sa voiture toute neuve dans une rue en plein centre-ville pour aller faire quelques courses. Il est content car il reçoit des amis qu'il apprécie beaucoup pour souper à la maison ce soir. Lorsqu'il revient vers sa voiture, il voit quelque chose sur la carrosserie. En s'approchant de plus près, Marc remarque une immense griffure le long d'une des portières. Il regarde sur son pare-brise pour voir s'il y a un mot, mais rien.

Vignettes sur la tristesse / peine

Geneviève, assise sur un banc au bord du lac, repense aux dernières minutes qu'elle vient de vivre. Elle se revoit devant Marc, lequel lui annonce que ses sentiments ont changé et qu'il souhaite alors mettre fin à leur relation. Elle avait bien remarqué qu'il était très distant depuis quelques mois. Cependant, elle pensait que ce n'était qu'une passade, attribuant ce changement de comportement à son nouveau travail qui lui prend beaucoup de temps et d'énergie. Elle pensait que tout irait mieux une fois que Marc se serait acclimaté à son nouveau travail. Mais non, leur belle histoire d'amour est vraiment terminée.

Marc, assis sur un banc au bord du lac, repense aux dernières minutes qu'il vient de vivre. Il se revoit devant Geneviève, laquelle lui annonce que ses sentiments ont changé et qu'elle souhaite alors mettre fin à leur relation. Il avait bien remarqué qu'elle était très distante depuis quelques mois. Cependant, il pensait que ce n'était qu'une passade, attribuant ce changement de comportement à son nouveau travail qui lui prend beaucoup de temps et d'énergie. Il pensait que tout irait mieux une fois que Geneviève se serait acclimatée à son nouveau travail. Mais non, leur belle histoire d'amour est vraiment terminée.

Geneviève termine enfin sa semaine de travail qui fut très stressante et éprouvante. Elle se réjouit vraiment de renter à la maison. Elle pourra sûrement aller à la montagne avec Médor, son fidèle compagnon. Une fois arrivée à la maison, elle voit sa mère toute chamboulée et s'étonne de ne pas entendre l'accueil chaleureux de son chien. Médor s'est fait renverser. D'une façon tout à fait imprévisible, il s'est élancé à la poursuite d'une fouine. Personne n'a rien pu faire.

Marc termine enfin sa semaine de travail qui fut très stressante et éprouvante. Il se réjouit vraiment de renter à la maison. Il pourra sûrement aller à la montagne avec Médor, son fidèle compagnon. Une fois arrivé à la maison, il voit sa mère toute chamboulée et s'étonne de ne pas entendre l'accueil chaleureux de son chien. Médor s'est fait renverser. D'une façon tout à fait imprévisible, il s'est élancé à la poursuite d'une fouine. Personne n'a rien pu faire.

Vignettes sur la joie

Geneviève a passé plusieurs entretiens d'embauche, dont son dernier qui s'est à son avis bien passé. Après quelques jours, Geneviève reçoit une réponse favorable à son engagement, et ceci dans l'entreprise dans laquelle elle rêvait de travailler. Son projet de carrière peut maintenant devenir réalité.

Marc a passé plusieurs entretiens d'embauche, dont son dernier qui s'est à son avis bien passé. Après quelques jours, Marc reçoit une réponse favorable à son engagement, et ceci dans l'entreprise dans laquelle il rêvait de travailler. Son projet de carrière peut maintenant devenir réalité.

Annexe A8 : Tâche à domicile pour la préparation du module 3

En quelques lignes, décrivez une situation qui a généré de la **colère**.

_____
_____
_____
_____
_____
_____
_____
_____
_____
_____

Annexe A9 : Expressions faciales

Les images suivantes, et la description des indicateurs émotionnels faciaux y relatifs, ont été mises à disposition pour le présent ouvrage par Dr Stéphane With, Faculté de Psychologie, Université de Genève (2014).

Caractéristiques de la colère :
- Les sourcils se rejoignent, ils sont froncés, plissés
- Des rides verticales se forment entre les sourcils
- La partie médiane des sourcils est légèrement abaissée ; ce qui réduit une partie du champ de vision
- Les paupières peuvent recouvrir une partie de l'œil ou au contraire être relevées
- Les lèvres sont fermées et généralement tendues
- La partie visible des lèvres peut apparaître lorsque les lèvres sont tendues

Caractéristiques de la peur :

- Les sourcils sont redressés
- Les yeux sont grands ouverts, écarquillés
- Les paupières sont entièrement levées
- Le champ de vision est au maximum
- La personne semble fixer quelque chose comme si elle ne pouvait s'en détacher
- La bouche est ouverte
- Les lèvres sont étirées dans un mouvement latéral
- Les narines sont élargies

Caractéristiques de la joie :

- Les coins des lèvres remontent obliquement
- Les yeux sont plissés et des rides apparaissent sur les côtés externes des yeux *(pattes d'oies)*
- La partie basse des joues *(ride nosolabiale)* est levée latéralement
- Les joues sont remontées, formant des plis en dessous de l'œil
- Le menton est étiré de manière oblique

Caractéristiques de la tristesse :

- Les sourcils sont légèrement froncés et relevés et prennent cette forme /\
- Le bas des paupières peut apparaître relevé
- Des rides horizontales apparaissent principalement sur la partie médiane du front (elles sont horizontales au centre et courbées sur les côtés)
- Les coins des lèvres descendent légèrement
- Les lèvres sont fermées et le menton légèrement retiré

Les émotions suivantes peuvent également être abordées en supplément :

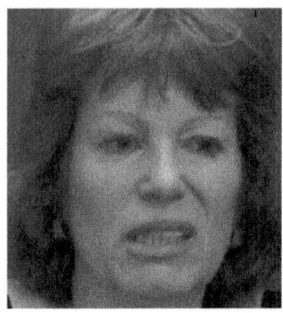 

Caractéristiques du mépris :

Deux expressions différentes sont reconnues comme dénotant le mépris. Les deux expressions sont asymétriques ou unilatérales :

- Soulèvement unilatéral de la lèvre supérieure (on remarquera également le creusement du sillon naso-labial, tel que constaté sur la photographie de gauche).

- La bouche est fermée. Le coin de la lèvre est tendu et remonté de manière oblique. Une dépression et un plissement de la peau sont visibles à côté du coin de la lèvre (photographie de droite).

Caractéristiques du dégoût :

- Le nez est retroussé
- Des rides apparaissent sous les yeux en raison de l'élévation des joues *(triangle infra orbital)*
- On observe également des rides le long du nez et à sa racine
- Les yeux sont à demi ouverts en raison de l'élévation marquée des joues
- La partie en dessous des yeux *(sillon infra orbital)* est ridée
- La bouche est généralement fermée, mais on remarque que la lèvre supérieure remonte légèrement
- La partie médiane des sourcils est légèrement abaissée
- Le menton est quelque peu remonté

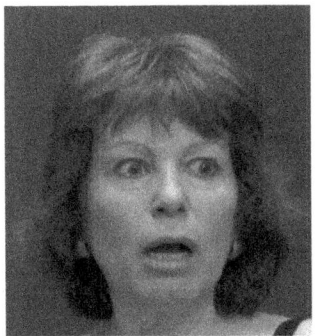

Caractéristiques de la surprise :

- Les sourcils sont redressés et des rides horizontales apparaissent sur le front
- Les yeux sont écarquillés, la paupière supérieure est relevée et la paupière inférieure est relaxée
- La mâchoire est relâchée. La bouche plus ou moins est ouverte. Le degré d'ouverture de la bouche est variable, mais contrairement à l'expression de peur, on n'observe pas de tension ni de déplacement latéral des lèvres

Emotions masquées :

Ces émotions masquées sont caractérisées par des indicateurs d'émotions négatives accompagnés d'un sourire.

« Blends » émotionnels :

Il s'agit d'un mélange de deux émotions négatives. Sur cette photo, il s'agit de la peur (s'illustrant au niveau de la bouche) et de la tristesse (pouvant se lire au niveau du front).

Les photographies suivantes illustrent

(A) la colère
(B) la peur
(C) la joie
(D) la tristesse

(A)

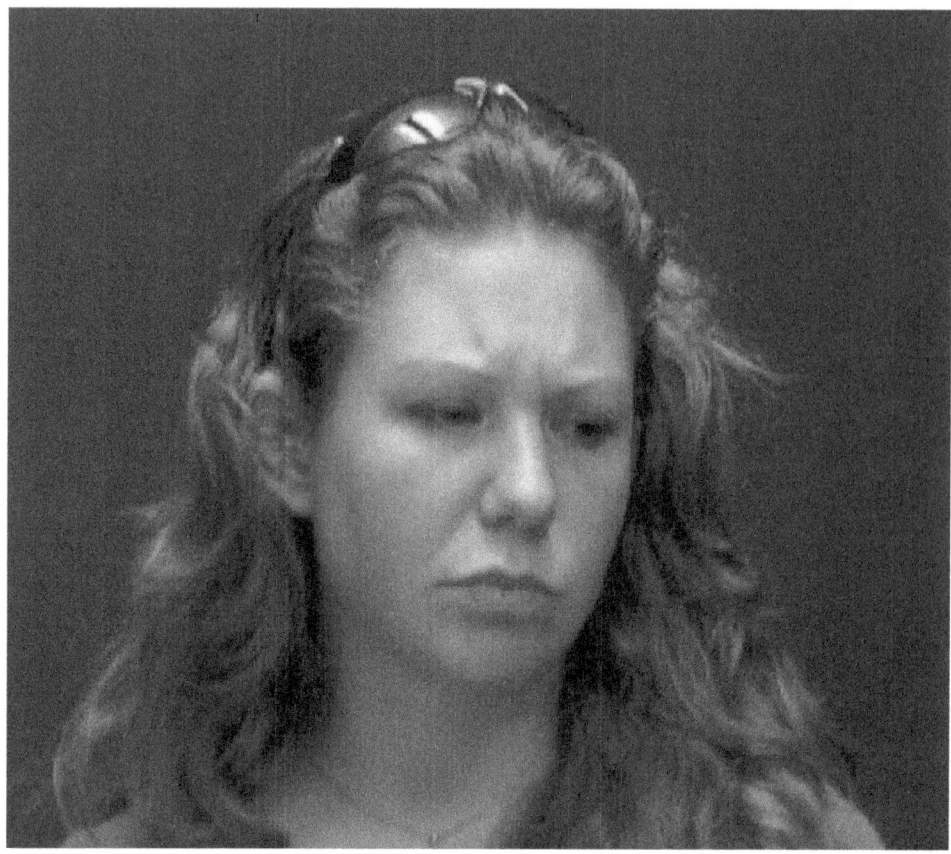

(B)

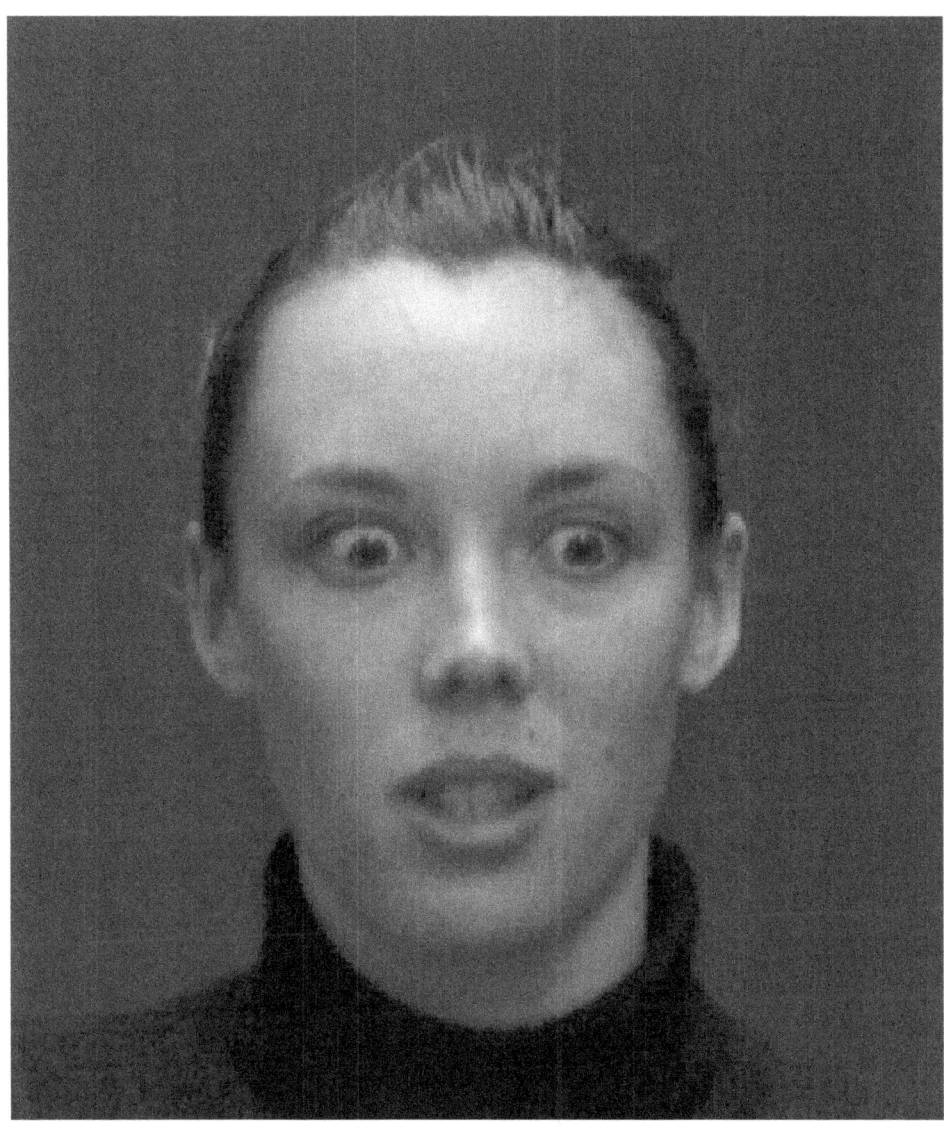

(C)

(D)

Annexe A10 : Images pour l'induction émotionnelle

Induction des quatre émotions (et de leurs indicateurs corporels internes et externes) par le biais de présentation d'images émotionnellement chargées. Les conseillers peuvent utiliser des images qu'ils trouvent pertinentes, notamment libres de droit (copyright) ou utiliser celles proposées à la suite des quelques exemples décrits.

En voici quelques exemples décrits à titre illustratif :

Colère :
- Image d'injustice (ex : viser un enfant au moyen d'un fusil ; enfants enrôlés dans un conflit armé)
- Pollution climatique, dégradation de l'environnement

Peur :
- Scène d'agression
- Animal féroce

Tristesse :
- Scène de famine, de misère ou de guerre
- Image d'une personne / d'un visage triste

Joie :
- Un couple âgé amoureux effectuant une activité, regard complice
- Animaux qui « rient »

Les images suivantes peuvent être utilisées pour induire les émotions ci-dessous :

(A) la colère

(B) la peur

(C) la tristesse

(D) la joie

(A)

(A)

(B)

(C)

(C)

(D)

(D)

Annexe A11 : Eléments explicatifs (2) (voir Haymoz, 2014)

Une émotion est toujours accompagnée de différentes manifestations physiologiques, tant au niveau interne (telles que les processus gastro-intestinaux, cardio-vasculaires, respiratoires, etc.) qu'externe (telles que les processus somato-musculaires, mouvements, tensions, gestes, etc.). Ces manifestations ont notamment la fonction de préparer notre corps à un événement afin que celui-ci puisse y réagir de manière adéquate.

Par exemple, nous réagissons à la **peur** par un comportement – ou la préparation à ce comportement (« action readiness ») – de fuite, se traduisant notamment par :

1. Au niveau cardiovasculaire :
   - Augmentation de la fréquence cardiaque
   - Dilatation des vaisseaux sanguins des muscles
   - Dilatation pupillaire

2. Niveau respiratoire :
   - Augmentation de la fréquence de la respiration
   - Augmentation de la profondeur de la respiration

3. Niveau musculaire : Augmentation du tonus musculaire

4. Niveau sanguin :
   - Diminution du temps de coagulation
   - Augmentation de la glycémie

5. Niveau digestif : Diminution de la capacité à digérer

6. Niveau cutané :
   - Rétrécissement des vaisseaux sanguins
   - Augmentation de la sudation
   - Erection des poils (frisson)

Les changements physiologiques présentés ci-dessus préparent ainsi l'individu à fuir face à une situation de peur (Barlow & Durand, 2007). Ces changements sont provoqués par le système nerveux autonome qui est divisé en deux systèmes, tous deux ayant des effets physiologiques contraires : le système nerveux sympathique et le système nerveux parasympathique (Nevid,

Rathus & Green, 2009). Le système nerveux sympathique s'active en présence de facteurs de stress ou de danger réel ou supposé en provoquant une activation physiologique. Par conséquent, il intervient dans les processus qui mobilisent les ressources du corps (Bear, Connors & Paradiso, 2007). A l'inverse, le système nerveux parasympathique s'active en l'absence de facteur de stress ou de danger et provoque une diminution de l'activation physiologique et un rétablissement de l'homéostasie (Öhman & Rück, 2007 ; Öhman & Wiens, 2009 ; Bear *et al.*, 2007 ; McEwen & Seeman, 2003). Par conséquent, lorsque le système nerveux sympathique est très actif, le parasympathique l'est moins et vice-versa. Les manifestations décrites ci-dessus sont ainsi davantage l'action du système nerveux sympathique.

Différentes structures cérébrales sont également activées dans une situation de peur (Bear *et al.*, 2007 ; Davidson, Pizzagalli, Nitschke & Kalin, 2003 ; Davidson, Scherer & Goldsmith, 2003 ; Ledoux, 1994). L'amygdale joue notamment un rôle important dans le ressenti de la peur et de toutes les modifications corporelles qu'elle entraîne. Se situant dans la partie antérieure du lobe temporal, elle reçoit des projections des aires corticales sensorielles (principalement des régions sensorielles du thalamus et du cortex, mais aussi d'autres structures comme l'hippocampe et le cortex préfrontal) et va projeter sur l'ensemble du lobe temporal et occipital, entretenant ainsi des relations directes avec l'ensemble du cerveau y compris les cortex sensoriels et moteurs (Pichon & Vuilleumier, 2011). Elle va ainsi influencer différents systèmes cérébraux, à savoir le cortex sensoriel pour la perception, l'hippocampe pour la mémoire, les noyaux adrénergiques pour l'éveil ou encore, l'hypothalamus pour les hormones de stress (*e.g.*, le cortisol).

La réponse de l'amygdale a en principe pour caractéristiques d'être rapide et en partie automatique. Cependant, deux voies afférentes (ou de traitement de l'information) ont été identifiées, à savoir l'une sous-corticale rapide (*i.e.*, voie thalamo–amygdalienne ou traitement *bottom-up*, à savoir qui passe directement du thalamus à l'amygdale), et l'autre sous-corticale plus lente (*i.e.*, traitement *top-down* ou voie descendante ou thalamo-cortico-amygdalienne), à savoir qui interpose le cortex entre le thalamus et l'amygdale (Rauch, 2009 ; Dalgleish, 2009 ; Berntson, Cacciopo & Sarter, 2009).

Ainsi, pour reprendre l'émotion de peur, citons l'exemple d'un promeneur qui voit un serpent sur son chemin. Cette stimulation visuelle va évoquer la présence d'un danger pour la personne, et cela même si celle-ci n'en est pas consciente. Ce stimulus sensoriel va d'abord atteindre le thalamus. Depuis-là, il peut suivre les deux voies possibles. Dans la première, la voie thalamo–amygdalienne, une perception grossière et rapide de la situation est transmise du thalamus à l'amygdale. L'amygdale, à travers son noyau central, va déclencher des réactions émotionnelles et de préparation à l'action avant même que le stimulus ne soit vraiment représenté ou interprété par le promeneur. Cette voie courte permet d'assurer ses réactions de survie, de fuite et de défense dans un délai très court. Comme le souligne Pichon et Vuilleumier (2011, p. 765) « ces réponses rapides permettent à l'amygdale d'augmenter l'activité des régions sensorielles (par exemple visuelle) impliquées dans la perception du stimulus, grâce à ses projections en retour sur l'ensemble du lobe temporal et occipital. Elle accroît ainsi la « saillance » du stimulus et favorise l'orientation de l'attention vers la source du danger ». Dans la deuxième voie, la voie thalamo-cortico-amygdalienne, le stimulus est transmis du thalamus vers le cortex sensoriel approprié afin d'y être interprété. Dans notre exemple, il s'agit du cortex visuel qui va traiter le stimulus et fournir à l'amygdale une représentation plus précise de ce dernier afin de statuer sur son degré de dangerosité. Cette analyse va maintenir ou inhiber l'action de l'amygdale sur les différentes structures responsables des manifestations physiologiques de la peur, comme cela est illustré ci-dessus (*e.g.,* accélération du rythme cardiaque). Dans le cas où le stimulus est effectivement un serpent, le cortex visuel renforce la fonction amygdalienne, maintenant ainsi les manifestations corporelles de la peur. Par contre, si l'analyse de l'information du cortex indique qu'il s'agit d'un simple bâton, la fonction amygdalienne est inhibée et les expressions physiologiques de la peur estompées (Lotstra, 2002). Plus précisément, il s'agirait du cortex frontal médian qui régule l'amygdale de manière *top-down* et qui permet l'atténuation de la réponse de peur une fois le danger passé ou lorsque le stimulus menaçant change de signification (Rauch, 2009). Par conséquent, l'amygdale semble accomplir différentes fonctions. En effet, elle permet une évaluation primaire de la menace, prépare l'organisme à combattre ou à fuir (à travers ses projections ascendantes vers les régions motrices et les projections descendantes vers les noyaux du tronc cérébral qui contrôlent les réponses autonomes), facilite l'acquisition de nouvelles informations (via ses projections vers les régions sensorielles) et améliore l'*arousal* et la plasticité (via entre autres les projections vers le cerveau antérieur et l'hippocampe) (Rauch, 2009). Ainsi, elle module des réactions à des événements qui ont une importance pour la survie de la personne, ce qui lui permet de réagir presque instantanément à la présence d'un danger, mais joue aussi un rôle important dans la capacité de ressentir et de percevoir des émotions chez soi et chez les autres.

L'hippocampe, quant à lui, a pour fonction d'apporter des informations sur le contexte de la situation. Enfin, le circuit cortico-striato-thalamo-cortical influence le thalamus et régule de cette manière le flux de nouvelles informations qui arrivent à l'amygdale. Ainsi, même si les évaluations peuvent être produites de manière automatique par des processus *bottom-up,* elles peuvent être contrôlées par les processus *top-down,* ce qui permet à la personne de prêter attention ou d'interpréter la situation de différentes manières.

Les recherches en neuro-imagerie fonctionnelle nous ont permis d'établir l'implication d'un réseau cérébral dans la peur / anxiété chez le sujet « tout-venant », comportant l'amygdale, l'hippocampe, le cortex cingulaire, l'insula et le cortex préfrontal (Belzung, 2007). Chez les sujets souffrant d'un trouble anxieux, des anomalies morphologiques et fonctionnelles sur les aires susmentionnées peuvent alors être observées.

Annexe A12 : Tâche à domicile pour la préparation du module 4

Réfléchissez à une situation qui a généré de la **tristesse / peine**.

Décrivez en quelques lignes le contexte, comment cette émotion s'est exprimée, qu'est-ce qui l'a précédé, etc.

_____
_____
_____
_____
_____
_____
_____
_____
_____
_____
_____
_____
_____
_____
_____
_____
_____
_____
_____
_____

Réfléchissez à une situation qui a généré de la **joie**.

Décrivez en quelques lignes le contexte, comment cette émotion s'est exprimée, qu'est-ce qui l'a précédé, etc.

_____
_____
_____
_____
_____
_____
_____
_____
_____
_____
_____
_____
_____
_____
_____
_____
_____
_____
_____
_____

Réfléchissez à une situation qui a généré de la **peur**.

Décrivez en quelques lignes le contexte, comment cette émotion s'est exprimée, qu'est-ce qui l'a précédé, etc.

_____
_____
_____
_____
_____
_____
_____
_____
_____
_____
_____
_____
_____
_____
_____
_____
_____
_____
_____
_____
_____
_____

Réfléchissez à une situation qui a généré de la **colère**.

Décrivez en quelques lignes le contexte, comment cette émotion s'est exprimée, qu'est-ce qui l'a précédé, etc.

_____
_____
_____
_____
_____
_____
_____
_____
_____
_____
_____
_____
_____
_____
_____
_____
_____
_____
_____
_____

Annexe A13 : Séquences vidéo

Deux séquences vidéo sont mentionnées ici, à titre d'exemple pour les conseillers. Les conseillers peuvent faire un choix plus personnel et / ou mieux adapté à la problématique (ou au groupe) concernant la présentation d'un matériel similaire, par ex. par des recherches sur *Youtube*.

1. Séquence vidéo illustrant un exemple de *communication émotionnelle non adaptée* :

Will Hunting (1998, Gus Van Sant) : Chap. 15 (1h20'40'' – 1h22'30'')

Sur le plan verbal, il n'y a pas de communication à la première personne, ni de validation de la part du récepteur. Will montre de la colère (vocabulaire grossier, crie, gestes et posture de confrontation, faciès de la colère) et son amie de la tristesse (faciès de la tristesse, voix qui tremble, larmes). Chacun reste sur son vécu.

2. Séquence vidéo illustrant une *communication adaptée des émotions* :

*Desperate housewives (*saison 4, épisode 2, 33'49'')

Dans cette séquence, Gabrielle raconte une situation de tristesse. Son comportement verbal et non verbal sont adéquats par rapport au contenu de son récit (rythme ralenti, regard vers le bas, faciès de la tristesse, larmes, etc.). Son amie valide entièrement son vécu et cela se constate également sur le plan non verbal (acquiescements avec la tête, son corps est dans sa direction, contact de la main, regard, etc.).

Annexe A14 : Activité de consolidation pour le module 4

1. Ecrivez une lettre (max. ½ page) qui relate une situation émotionnellement chargée afin de la partager avec quelqu'un de proche. Décrivez en quelques mots la situation et la manière dont vous avez exprimé vos émotions.
2. Imaginez l'impact que cette lettre pourrait avoir sur la personne qui la lit.
3. Pensez-vous avoir réussi à faire partager cette situation de manière adéquate. Pourquoi ?

_____
_____
_____
_____
_____
_____
_____
_____
_____
_____
_____
_____
_____
_____
_____
_____
_____
_____
_____
_____

Annexe A15 : Activité pour la préparation du module 5

Veuillez lister les **techniques** dont vous faites usage **afin de modifier (atténuer, augmenter ou maintenir) une émotion.**

Lorsque je ressens de la **peur**, je _____

_____

_____

_____

Lorsque je me sens en **colère**, je _____

_____

_____

_____

Lorsque je me sens **triste**, je _____

_____

_____

_____

Lorsque je me sens **joyeux-se**, je _____

_____

_____

_____

Annexe A16 : Eléments explicatifs (3) : techniques de régulation des émotions (voir Haymoz, 2014)

La **régulation des émotions** concerne notre capacité à :

		des
• Initier • Eviter • Inhiber • Maintenir • Moduler	⇒ • L'apparition • La forme • L'intensité • La durée	⇒ • Etats et vécu émotionnels • Processus physiologiques • Processus attentionnels • Réactions comportementales

La régulation des émotions s'applique à différents phénomènes affectifs, incluant la régulation de l'humeur, du noyau affectif et des épisodes émotionnels, tant négatifs que positifs.

Une **régulation des émotions adaptée** implique la capacité de :

- Faire l'expérience d'émotions « vraies »
- Réduire de hauts niveaux d'affects négatifs
- Exprimer ses émotions de manière compatible avec les buts poursuivis (ex. : sentiment de sécurité, maintien des interactions sociales positives, compétence perçue, bien-être individuel).

La **régulation des émotions est en lien avec** :

- L'auto-observation
- Les représentations conceptuelles
- La perception des indicateurs corporels
- La communication et l'expression des émotions

Le questionnaire DOE-IT évalue 5 **registres** de stratégie de régulation des émotions :

- Les *techniques cognitives* (direction et modification de l'attention, réévaluation, auto-verbalisations, les prières et requêtes spirituelles ainsi que l'acceptation et l'adaptation des buts).
- Les *techniques comportementales et corporelles* (respiration, activités physiques, repos et changement de posture, techniques de relaxation).
- Les *techniques interpersonnelles ou sociales* (obtenir l'attention, l'écoute, l'information ou la compassion en lien avec le vécu émotionnel, obtenir de l'aide directe de la part d'autres personnes, accepter le soutien affectif par autrui).

- L'*utilisation des substances* (psychotropes : alcool, nicotine, médicaments, etc.), de nourriture et de boissons non alcoolisées (tisane) pour modifier les états affectifs.
- Les techniques portant sur *la situation* déclenchante ou accompagnante l'état affectif à réguler (comportements instrumentaux visant à modifier activement la situation ou à l'éviter).

Annexe A17 : Présentation des registres du DOE-IT

Les conseillers mentionnent chaque registre du DOE-IT avec un exemple d'illustration. Ils prennent plus de temps sur les registres situationnel, cognitif et corporel, pour lesquels des exercices sont effectués.

A) Registre situationnel

Présentation de la situation de conflit suivante :

Je suis nerveux(se) car j'ai rendez-vous avec un collègue pour discuter d'un sujet conflictuel. En effet, ce dernier a pris beaucoup trop de retard dans son travail.

Demander aux participants quelles stratégies de type situationnel ils pourraient mettre en place dans cette situation. Les conseillers écrivent leurs réponses sur un flipchart en distinguant les stratégies d'influence directe sur la situation de celles qui sont de l'ordre de l'évitement.

B) Registre cognitif

(1) Exercice de réévaluation sur la base d'une vignette (Annexe A18). Suite à cet exercice, les conseillers notent sur un flipchart les interprétations données ainsi que les émotions leur étant associées pour mettre en évidence que :
- l'émotion ressentie dépend de l'évaluation de la situation (et non directement de la situation) (voir REPCOG).
- nous pouvons agir sur nos émotions par la réévaluation, par la génération d'hypothèses alternatives.

(2) Résolution de problème

Présenter les cinq étapes de la technique de résolution de problème (Annexe A19) et annoncer que l'usage de la fiche de résolution de problème représente la tâche à domicile pour la séance suivante.

C) Stratégies de type corporel

Respiration

Présenter les éléments explicatifs et réaliser l'exercice (Annexes A20 et A21).

Relaxation progressive selon Jacobson

Brève explication et présentation des consignes pour la relaxation (selon Annexe A22). Annoncer que la relaxation représente la seconde tâche à domicile de la semaine.

Annexe A18 : Exercice de réévaluation

Cet exercice porte sur la technique de la réévaluation. Pour entraîner cette dernière, les conseillers montrent la vignette ci-dessous aux participants, qui auront pour tâche d'interpréter la situation décrite de différentes manières. Il est possible de poursuivre l'entraînement de cette technique en se basant sur un exercice tiré du manuel de Linehan (2000), dans lequel les conseillers demandent à un premier participant de faire part d'une situation, à un second de fournir une interprétation de cette situation et à un troisième de mentionner l'émotion qui a ainsi pu être engendrée. Ensuite, pour le même événement, les conseillers demandent à une quatrième personne de donner une autre interprétation et finalement, à une cinquième d'imaginer l'émotion qui découlerait de cette dernière interprétation. A travers cet exercice, les participants prennent conscience que le fait de voir différentes interprétations possibles à une même situation est une manière de réguler ses états affectifs.

Vignette

Geneviève attend Marc pour le dîner. Il vient de l'appeler, comme à chaque fois qu'il quitte son travail pour rentrer à la maison pour lui dire qu'il est sur le chemin du retour. Dès son appel téléphonique, Geneviève sait que Marc met 20 minutes en voiture pour arriver à domicile. Elle se remet alors en cuisine afin de terminer les derniers préparatifs pour le repas. Une heure après son appel, Marc n'est toujours pas rentré à la maison et ne répond pas à son téléphone. Elle imagine le pire…

Annexe A19 : Fiche d'aide à la résolution de problème

(Matériel mis à disposition par Christian Follack, psychologue-psychothérapeute FSP, Bulle)

Les 5 phases de la résolution de problème :

1. **Définir le problème**

    a. Quelle est la situation actuelle ?
    _____
    _____
    _____
    _____

    b. Quelle est la situation que je désire obtenir ?
    _____
    _____
    _____
    _____

2. **Trouver des solutions**

    a. Quelles sont **toutes** les solutions possibles que je peux imaginer à ce problème ?

    b. Faire une liste la plus riche possible sans rien juger et en laissant libre cours à sa pensée. Plus il y a de solutions, mieux c'est !

1.	11.
2.	12.
3.	13.
4.	14.
5.	15.
6.	16.
7.	17.
8.	18.
9.	19.
10.	20.

3. **Sélectionner la solution**

    a. Attribuer une note (de 1= mauvaise solution à 10 = solution excellente) aux solutions de la page précédente.

    b. Retenez la meilleure solution. S'il est difficile de se décider pour une solution, pesez le pour et le contre des trois solutions qui vous semblent les meilleures.

	Note	Le pour	Le contre
Solution retenue :			
Solution retenue :			
Solution retenue :			

4. **Appliquer la solution**

    Noter chaque étape de la réalisation de la solution

    I. _____
    II. _____
    III. _____
    IV. _____
    V. _____

5. **Evaluer les résultats**

    a. Le problème est-il résolu ? la solution a-t-elle fonctionné ? Si oui, veuillez indiquer comment il a été résolu.

    _____
    _____

    b. Si le problème n'est toujours pas résolu, utilisez une autre solution (voir étape 3) ou redéfinissez le problème à la lumière de ce qui a été appris (voir étape 1).

Résumé
1. *Quel est le problème, quelles sont les difficultés et qu'est-ce que je souhaite ?*
2. *Quelles sont les solutions possibles ?*
3. *Qu'est-ce que je décide ?*
4. *Je programme et j'essaie.*
5. *Est-ce que le problème s'est amélioré / résolu ?*

Annexe A20 : Eléments explicatifs (4) : la respiration

(Matériel mis à disposition par Claude Haldimann, psychologue-psychothérapeute FSP, Berne)

On distingue trois types de respiration permettant de donner de l'espace aux lobes pulmonaires et ainsi se remplir d'oxygène, à savoir :

1. La respiration par les épaules
    - Respirer en soulevant les deux épaules et omoplates.
    - Respiration courte et rapide qui demande de soulever le poids des deux bras et épaules à chaque respiration.
    - Le poumon ne se remplit que d'1 / 6 environ.

2. La respiration thoracique
    - Respirer en soulevant / élargissant la cage thoracique.
    - Avec la respiration par les épaules, cette respiration peut être indiquée pour les gros efforts corporels ou dans des situations de crise parce qu'elle améliore l'état général d'activation.
    - Est inadéquate dans la vie quotidienne car le poumon ne se remplit que d'un tiers environ et nécessite de la force pour soulever la cage thoracique.

3. La respiration par le diaphragme ou respiration abdominale
    - Le diaphragme est le muscle principal de la respiration abdominale.
    - Permet aux poumons de se remplir de 2 / 3 d'air.
    - Avec ce type de respiration (et contrairement aux deux premiers types), aucun muscle n'appartenant pas au système respiratoire n'est utilisé. Donc aucune force ni énergie supplémentaire ne doit être mise à contribution pour soulever des poids inutiles à la respiration.
    - Les mouvements du diaphragme permettent également de masser en douceur les organes abdominaux, qui sont ainsi mieux irrigués et dont la fonction se voit améliorée. La digestion et le plexus solaire sont également stimulés.

Annexe A21 : Exercice de respiration

La respiration abdominale est à pratiquer 2-3 fois par jour soit en position couchée, assise ou debout. Dans le second cas, veillez à être assis confortablement sur l'ossature fessière, tout en gardant le dos droit (sans bomber le torse). Laissez vos jambes légèrement écartées, les genoux à angle droit et vos pieds bien à plat sur le sol. En position debout, veuillez-vous appuyer sur toute la surface de la plante de vos pieds tout en fléchissant légèrement vos genoux. Laissez aller vos bras et épaules et arquez légèrement votre bassin (position orthostatique).

Afin de bien pouvoir constater la différence entre les trois types de respiration, nous demandons aux participants de se mettre debout et d'expirer complètement. Puis il inspire profondément avec le ventre puis la poitrine et finalement avec les épaules jusqu'à ce que les poumons soient complètement remplis d'air. Il expire ensuite gentiment par les épaules, la poitrine et le ventre.

Annexe A22 : Activité de consolidation pour le module 6 : relaxation

Relaxation progressive (selon Jacobson, 1938)
(à l'aide du texte suivant qui sera enregistré par les conseillers)

Pour cette activité de consolidation, nous vous demandons de vous entraîner à la relaxation progressive, afin que vous puissiez réfléchir à ce qu'elle vous apporte et quand elle peut vous être utile.

Prenez un instant où vous pouvez être tranquille, sans être dérangé. Installez-vous confortablement, que cela soit assis ou couché. Respirez profondément avec le ventre et soyez attentif à ce qui se passe dans votre corps pendant que vous faites les exercices.

Eléments explicatifs (5) : la relaxation (voir Haymoz, 2014)
Consignes de relaxation avec textes (à enregistrer)

Nous pouvons classer les techniques de relaxation dans deux catégories, selon qu'elles font porter notre attention sur la pensée (ex. : training autogène, méditation, hypnose) ou sur le corps (ex. : relaxation progressive, yoga).

Nous allons nous attarder sur la deuxième catégorie et, plus précisément, sur la relaxation progressive selon Jacobson. Cette technique permet à son utilisateur de porter son attention sur la contraction, puis le relâchement soudain, de différents groupes musculaires, entraînant ainsi une détente progressive de l'ensemble du corps.

Chaque groupe musculaire est contracté durant 5 à 7 secondes puis relâché pendant 30 à 45 secondes. Il n'est pas utile de contracter vos muscles très fortement. En effet, il suffit de sentir la contraction et, plus précisément, la différence de cet état de contraction avec l'état de détente. Il est à noter que la contraction des muscles du pied doit être deux fois plus légère que la contraction des autres muscles, ceci afin d'éviter le risque de crampe.

Avant de commencer l'exercice, soyez attentif à ces quelques remarques :

- Installez-vous dans un environnement calme et propice à un exercice de relaxation ainsi que de manière confortable (en position assise, semi couchée ou couchée). Songez à réduire la lumière afin qu'elle ne vous dérange pas et à éliminer au maximum les bruits extérieurs (téléphone, télévision, etc.).

- Mettez-vous dans des conditions propices à la relaxation. Songez à enlever votre ceinture, vos lunettes, vos chaussures ainsi que tous les vêtements qui vous serrent. Notez dans un carnet toutes vos pensées ainsi que vos préoccupations afin de vider votre esprit avant de commencer l'exercice. Fermez les yeux et détendez-vous, tout en prenant conscience des parties du corps qui sont en contact avec le support sur lequel vous vous trouvez.

- Concentrez-vous sur votre respiration, en étant attentif aux mouvements de votre ventre. Respirez lentement, en prenant soin de laisser quelques secondes entre chaque respiration.

Textes de consignes

« Ces exercices, vous permettent de vous familiariser avec une méthode de relaxation dite « progressive », inspirée par Jacobson. Ainsi, vous pouvez chez vous, vous relaxer en vous entraînant à contracter et décontracter certains muscles de votre corps.

Mettez-vous dans la position la plus agréable possible. Position dans laquelle l'ensemble de votre corps peut se détendre. Fermez les yeux et respirez profondément avec votre ventre. Vous sentez l'air qui circule dans tout votre corps. Votre respiration est calme, lente et agréable. Laissez de côté tous vos soucis et traquas quotidiens pour vous concentrer uniquement sur votre respiration. Ce qui importe, c'est votre corps et les sensations qui y sont liées.

Vous vous sentez bien, confiant et serein et, selon votre propre rythme, vous allez vous concentrer sur votre main dominante, soit la droite si vous êtes droitier ou la gauche si vous êtes gaucher. Faites le poing avec cette main dominante. Concentrez-vous sur les sensations corporelles que vous ressentez lors de cet état de tension. Puis relâchez et respirez profondément, tout en vous concentrant sur les sensations corporelles qui découlent de cet état de tension puis de décontraction.

Votre respiration reste calme et votre corps détendu. Concentrez-vous sur votre coude dominant. Poussez ce coude vers le bas, comme si vous souhaitiez l'enfoncer dans votre fauteuil. Concentrez-vous sur ce que vous ressentez. Puis relâchez. Observez les sensations corporelles qui se manifestent en vous. Laissez-vous aller à la sensation de détente.

Vous allez maintenant porter votre attention sur l'autre côté de votre corps en faisant le poing avec votre main non dominante. Portez votre attention sur la tension musculaire que vous ressentez dans votre avant-bras, votre main et vos doigts. Remarquez comme votre énergie est concentrée, serrée dans votre poing. Puis relâchez et respirez profondément, calmement.

Poussez votre coude non dominant vers le bas en contractant votre biceps. Puis relâchez. Vous vous sentez bien, confiant, serein, en harmonie avec vous-même.

Portez votre attention sur votre visage. Levez vos sourcils aussi hauts que possible. Sentez les sensations que cette contraction amène. Puis relâchez. Respirez calmement.

Fermez les yeux pendant que vous froncez le nez. Puis relâchez. Vous vous sentez bien, confiant et serein.

Selon votre propre rythme, serrez les dents tout en tirant les coins de votre bouche en un sourire forcé. Et relâchez. Votre respiration reste calme et votre corps détendu.

Serrez vos lèvres tout en pressant la langue contre votre palais. Puis relâchez et respirez profondément, tout en vous concentrant sur les sensations corporelles qui découlent de cet état de tension puis de décontraction.

Vous vous sentez bien, en harmonie avec vous-même. Faites le double menton en tirant celui-ci vers le bas et, en même temps, tirez votre tête en arrière. Puis relâchez. Ressentez les différentes sensations qui découlent de cet état de tension et de détente au niveau de votre visage.

Inspirez profondément en vous concentrant sur votre dos. Serrez vos omoplates l'une contre l'autre, comme si vous vouliez les faire se toucher. Concentrez-vous sur ce que vous ressentez. Puis relâchez.

Inspirez profondément et contractez les muscles de la partie de votre ventre. Puis relâchez. Votre respiration est toujours calme et votre corps détendu. Concentrez-vous sur cette sensation de détente que vous ressentez au niveau de votre ventre.

Amenez maintenant votre attention sur vos pieds. Pressez vos talons vers le sol. Sentez cette sensation de tension, qui rappelons-le doit être plus faible au niveau des muscles des pieds que des autres muscles de votre corps. Puis relâchez. Vous vous sentez détendu, en harmonie avec vous-même.

Pointez les doigts de pieds vers la tête. Respirez profondément et calmement. Puis relâchez gentiment.

Tirez vos pieds vers le bas tout en les tournant vers l'intérieur en repliant les orteils. Concentrez-vous sur cette sensation de tension. Puis relâchez. Respirez calmement. Vous vous sentez bien. Votre respiration est calme et vous aussi.

L'ensemble de votre corps est maintenant détendu, relaxé. Continuez de vous concentrer sur votre respiration, qui est calme, sereine. Prenez conscience de chaque partie de votre corps, celles que nous venons de parcourir.

Recherchez l'image d'un lieu représentant pour vous le calme, la sécurité et la sérénité. Laissez venir à votre esprit les bruits, les odeurs et les sensations liés à cette image. Imaginez-vous dans ce paysage et laissez-vous envahir par ce sentiment de calme et de quiétude. Observer les alentours de ce lieu, qui est à vous et en vous. Respirez profondément et calmement pour être en harmonie avec cet endroit et avec vous-même.

Puis, gentiment, redirigez votre attention vers votre corps, vos sensations corporelles. Ressentez la détente que vous avez trouvée en vous. Lorsque tout votre corps est compris dans sa totalité, commencez à entrevoir le monde extérieur et revenez gentiment à la réalité. A votre propre rythme, vous allez commencer par imaginer la pièce dans laquelle vous vous trouvez, inspirez et expirez profondément, remuez doucement vos doigts, vos orteils, étirez vos jambes, vos bras, baillez. Puis ouvrez lentement vos yeux tout en gardant votre corps et votre esprit parfaitement détendus ».

Trois exercices plus courts :

1. « Installez-vous de manière confortable et mettez-vous dans des conditions propices à la relaxation. Songez à enlever votre ceinture, vos lunettes, vos chaussures ainsi que tous les vêtements qui vous serrent ou vous dérangent. Laissez de côté tous vos soucis et traquas quotidiens. Fermez les yeux et détendez-vous, tout en prenant conscience des parties de votre corps qui sont en contact avec le support sur lequel vous vous trouvez.

Concentrez-vous sur votre respiration. Soyez attentif aux mouvements de votre ventre. Respirez lentement, calmement et acceptez l'état de détente qui commence à se faire sentir en vous.

Votre respiration est calme, lente. Vous vous sentez confiant, serein. Portez votre attention sur vos avant-bras, vos mains et vos doigts et faites le poing avec votre main dominante. Remarquez comme votre énergie est concentrée dans cette partie de votre corps. Puis, prononcez intérieurement le mot « relâcher » afin de détendre entièrement les muscles contractés. Soyez attentif aux sensations qui découlent de cet état de tension puis de décontraction au niveau de votre avant-bras, de votre main et de vos doigts.

Vous vous sentez bien, confiant et serein et vous vous laissez aller à la sensation de détente.

Faites le poing avec votre main non dominante. Portez votre attention sur la tension musculaire que vous ressentez au niveau de votre avant-bras, votre main, vos doigts. Puis, prononcez intérieurement le mot « relâcher » pour détendre entièrement les muscles contractés. Soyez attentif aux sensations corporelles qui vous accompagnent.

Faites les poings avec vos deux mains en même temps et soyez attentif à la tension musculaire ressentie dans vos avant-bras, vos mains et vos doigts. Puis relâchez cet état de tension tout en portant votre attention sur les sensations qui découlent de cette contraction et décontraction au niveau de vos avant-bras, vos mains et vos doigts.

Vous vous sentez bien, confiant et serein et vous vous laissez aller à la sensation de détente. Votre corps est détendu, relaxé. Continuez de vous concentrer sur votre respiration, qui est calme, sereine. Prenez conscience des parties de votre corps que nous venons de parcourir, avant-bras, mains et doigts.

Recherchez l'image d'un lieu représentant pour vous le calme, la sécurité et la sérénité. Laissez venir à votre esprit les bruits, les odeurs et les sensations liés à cette image. Imaginez-vous dans ce paysage et laissez-vous envahir par ce sentiment de calme et de quiétude. Observer les alentours de ce lieu, qui est à vous et en vous. Respirez profondément et calmement pour être en harmonie avec cet endroit, avec vous-même.

Gentiment, dirigez votre attention vers votre corps, vos sensations corporelles. Ressentez la détente que vous avez retrouvée en vous, en vous concentrant sur votre endroit et en respirant calmement et sereinement. Lorsque tout votre corps est compris dans sa totalité, commencer à entrevoir le monde extérieur et revenez gentiment à la réalité. Selon votre propre rythme, vous allez commencer par imaginer la pièce dans laquelle vous vous trouvez, puis inspirez et expirez profondément, remuez doucement vos doigts, vos orteils, étirez vos jambes, vos bras, baillez. Puis ouvrez lentement vos yeux tout en gardant votre corps et votre esprit parfaitement détendus ».

2. « Mettez-vous dans la position la plus agréable possible. Position dans laquelle l'ensemble de votre corps peut se détendre. Concentrez-vous sur votre respiration qui devient de plus en plus clame, lente. Ressentez cet air qui circule dans votre corps.

Fermez les yeux et soyez attentif au positionnement de votre corps, à son poids. Votre respiration se fait de plus en plus calme et profonde.

Prenez une importante inspiration (3 sec.), bloquez-là (5 sec.) puis expirez lentement, tranquillement en imaginant toutes vos tensions disparaître au fil de votre expiration.

Portez votre attention sur ce qui se passe dans votre corps. Votre respiration est à nouveau calme et sereine. Votre corps détendu. Vous vous sentez bien, en harmonie avec vous-même.

Prenez à nouveau une grande inspiration, gardez cet air en vous puis expirez lentement et gentiment, tout en visualisant vos tensions, vos tracas, vos soucis quitter votre corps.

Votre respiration est calme, profonde. Votre corps détendu. Prenez conscience de cet état de bien-être, de quiétude.

Votre corps est détendu, relaxé. Continuez de vous concentrer sur vote respiration, qui est calme, sereine.

Recherchez l'image de ce lieu représentant pour vous le calme, la sécurité et la sérénité. Laissez venir à votre esprit les bruits, les odeurs et les sensations liés à cette image. Imaginez-vous dans ce paysage et laissez-vous envahir par ce sentiment de calme et de quiétude. Observez les alentours de ce lieu, qui est à vous et en vous. Respirez profondément et calmement pour être en harmonie avec cet endroit, avec vous-même.

Gentiment, dirigez votre attention vers votre corps, vos sensations corporelles. Ressentez la détente que vous avez trouvée en vous, en vous concentrant sur votre endroit et en respirant calmement et sereinement. Lorsque tout votre corps est compris dans sa totalité, commencez à entrevoir le monde extérieur et revenez gentiment à la réalité. Selon votre propre rythme, vous allez commencer par imaginer la pièce dans laquelle vous vous trouvez, puis inspirez et expirez profondément, remuez doucement vos doigts, vos orteils, étirez vos jambes, vos bras, baillez. Puis ouvrez lentement vos yeux tout en gardant votre corps et votre esprit parfaitement détendus. »

3. « Asseyez-vous confortablement. Le dos droit. Respirez profondément avec le ventre. Votre respiration devient calme, lente. Laissez de côté tous vos soucis et traquas de la journée pour vous concentrer uniquement sur votre respiration. Ce qui importe, c'est votre corps et les sensations qui y sont liées.

Faites le poing avec vos deux mains (5 sec.) et relâchez gentiment. Soyez attentif à vos sensations corporelles et respirez profondément, sans aucune tension.

Etirez vos doigts le plus loin possible (10 sec.). Puis relâchez. Sentez la détente parcourir vos mains et vos doigts. Votre respiration est calme. Votre corps détendu.

Crispez vos orteils (5 sec.) et relâchez. Soyez attentif à ce qui se passe dans vos pieds, dans votre corps. Respirez profondément et calmement.

Tirez vos orteils en direction de votre tête (10 sec.) et relâchez. Sentez la détente dans vos pieds. Portez votre attention à leur positionnement sur le sol, à leur ancrage.

Prenez le temps de faire quelques profondes respirations. Puis imaginez la pièce dans laquelle vous vous trouvez. Inspirez et expirez profondément, étirez-vous et ouvrez gentiment vos yeux tout en gardant votre corps et votre esprit parfaitement détendus. »

Annexe A23 : Exercice d'imagerie (tiré de Pull, 2007, p. 128)

Mettez-vous dans la position la plus agréable possible. Position dans laquelle l'ensemble de votre corps peut se détendre. Fermez les yeux et respirez profondément avec votre ventre. Vous sentez l'air qui circule dans tout votre corps. Votre respiration est calme, lente et agréable. Laissez de côté tous vos soucis et traquas quotidiens pour vous concentrer uniquement sur votre respiration. Imaginez que chaque respiration vous permette de descendre plus profondément dans la détente, comme si vous descendiez un escalier. Après chaque marche descendue, la détente devient de plus en plus complète. Première marche, deuxième, troisième, quatrième, cinquième, sixième, septième, huitième, neuvième et dixième marche.

L'escalier vous mène à une plage de sable. Un sable fin, chaud et soyeux, qui glisse entre vos doigts, un sable qui borde la mer. Vous vous y asseyez puis vous vous y allongez. Vous sentez votre tête posée sur ce sable chaud, vos épaules, votre dos, votre taille, vos fesses, vos jambes, vos talons, toutes ces parties de votre corps sont en contact avec ce sable qui est chaud. Vos bras sont allongés le long du corps, vos doigts s'enfoncent dans le sable. Plus ils creusent, plus la consistance du sable change. Il devient plus humide, plus compact, plus frais.

Une douce brise, ni trop chaude, ni trop froide passe sur votre corps et l'enveloppe comme une couverture. Vous entendez les bruits des petites vagues qui viennent se casser sur la plage. Vous aimeriez mettre les pieds dans l'eau fraîche mais vous sentez cette paresse agréable qui vous empêche de bouger. Mais la fraîcheur de l'eau serait si agréable. Vous vous levez alors gentiment et voyez dans le sable la marque que votre corps y a laissée. C'est votre place, votre endroit, mentalement vous pourrez y retourner à chaque fois que vous le souhaiterez. Il vous suffira de visualiser cette marque dans le sable qui garde l'empreinte de votre corps, de votre tête, de votre dos, de vos jambes, de vos talons. Quelques pas et vous avez les pieds dans l'eau. Vous imaginez que vous laissez glisser le moindre nœud, le moindre mal-être, le moindre souci que vous pourriez ressentir, le long de votre dos, de vos jambes, de vos pieds jusque dans la pointe de vos orteils où la première petite vague les entraînera au fond de l'océan où ils se dilueront dans le grand bleu.

Puis vous vous décidez à revenir vers l'escalier et à remonter une par une les marches. La dixième, la neuvième, la huitième, la septième, la sixième, la cinquième, la quatrième, la troisième, la deuxième et la première. Vous sentez la chaise sur laquelle vous êtes assis, votre dos contre le dossier, vos pieds par terre. A votre propre rythme, vous allez gentiment ouvrir vos yeux.

Annexe A24 : Exemple de profil individuel de régulation

L'inventaire DOE-IT (Reicherts & Haymoz, 2011) et le matériel nécessaire pour son dépouillement et son interprétation se trouvent dans l'Annexe C.

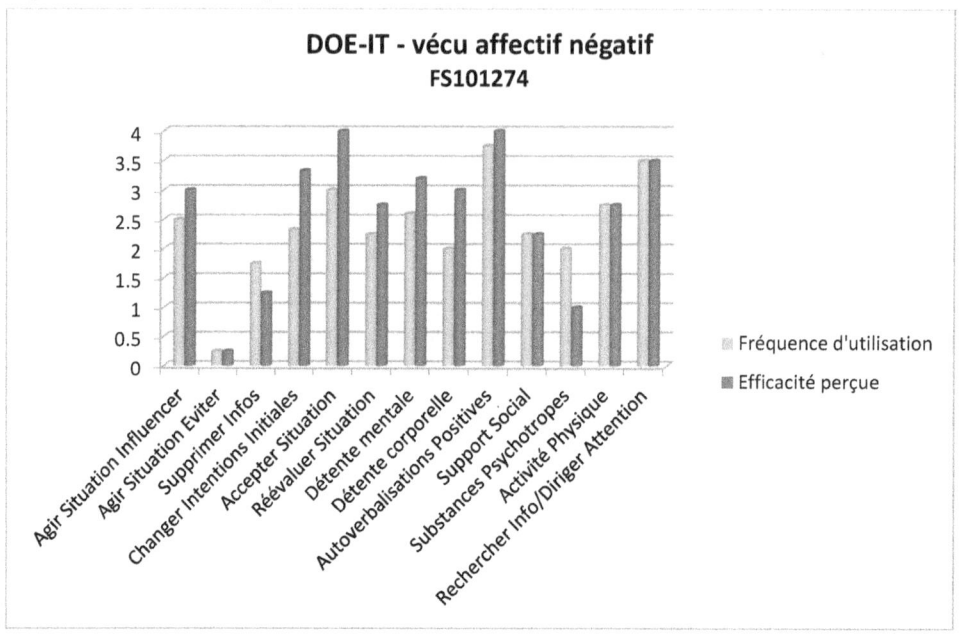

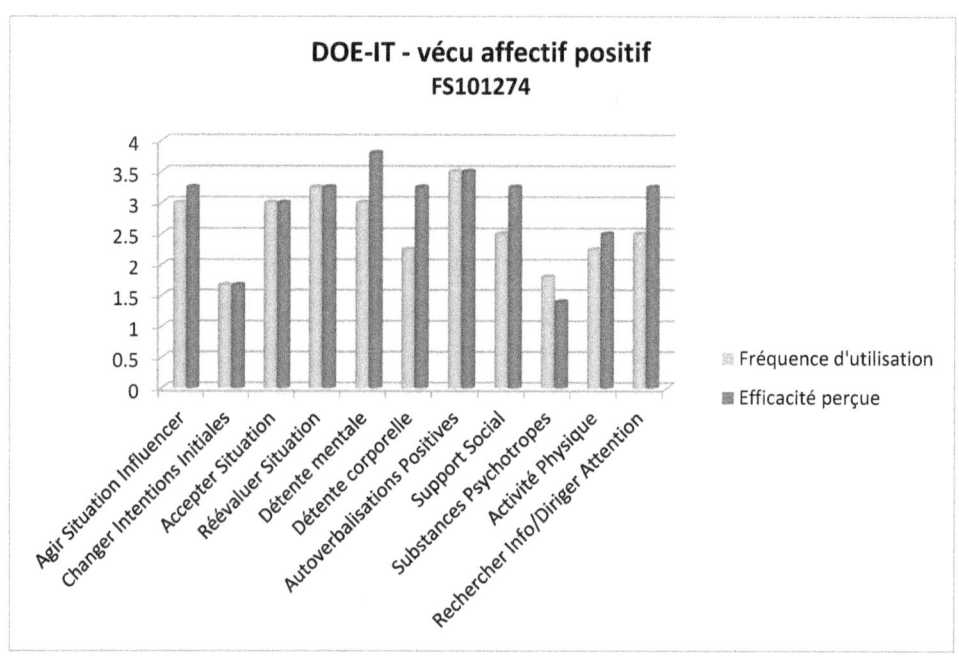

Régulation du vécu affectif négatif – valeurs de référence : moyennes (écart-types) (N=140)

Registres de régulation	Fréquence d'utilisation	Efficacité perçue
1. Agir sur la situation en l'influençant	2.64 (± 0.71)	2.58 (± 1.74)
2. Agir sur la situation en l'évitant	1.58 (± 0.76)	1.62 (± 0.88)
3. Supprimer des informations	1.99 (± 0.80)	1.89 (± 0.85)
4. Changer les intentions initiales, buts	2.50 (± 0.71)	2.62 (± 0.68)
5. Accepter la situation	2.55 (± 0.63)	2.52 (± 0.76)
6. Réévaluer / recadrer la situation	2.94 (± 0.64)	3.00 (± 0.65)
7. Se relaxer et se détendre mentalement	1.63 (± 0.70)	2.19 (± 0.79)
8. Se relaxer et se détendre corporellement	1.70 (± 0.86)	2.38 (± 0.98)
9. Autoverbalisations positives	2.60 (± 0.89)	2.64 (± 0.85)
10. Utilisation du support social	2.56 (± 0.93)	2.85 (± 0.79)
11. Utilisation de substances	1.29 (± 0.75)	1.50 (± 0.95)
12. Activités / activation physique	2.40 (± 0.78)	2.66 (± 0.77)
13. Recherche d'informations / diriger l'attention	2.96 (± 0.63)	2.93 (± 0.66)

Régulation du vécu affectif positif - valeurs de référence : moyennes (écart-types) (N=140)

Registres de régulation	Fréquence d'utilisation	Efficacité perçue
1. Agir sur la situation en l'influençant	2.06 (± 1.00)	2.47 (± 0.86)
2. Changer les intentions initiales, buts	2.32 (± 0.86)	2.70 (± 0.76)
3. Accepter la situation	2.78 (± 0.85)	2.91 (± 0.81)
4. Réévaluer / recadrer la situation	2.80 (± 0.74)	3.04 (± 0.70)
5. Se relaxer et se détendre mentalement	1.77 (± 0.69)	2.50 (± 0.78)
6. Se relaxer et se détendre corporellement	1.37 (± 0.91)	2.30 (± 1.01)
7. Autoverbalisations positives	2.09 (± 1.00)	2.50 (± 0.95)
8. Utilisation du support social	2.42 (± 0.90)	2.77 (± 0.84)
9. Utilisation de substances	1.22 (± 0.69)	1.70 (± 1.02)
10. Activités / activation physique	2.19 (± 0.92)	2.52 (± 0.88)
11. Recherche d'informations / diriger l'attention	2.12 (± 1.01)	2.46 (± 0.96)

Annexe A25 : Exercice de détente (« balayage corporel » ; tiré de Pull, 2007, p. 118)

Vous allez travailler avec votre main dominante et ses cinq doigts : le pouce, l'index, le majeur, l'annulaire, l'auriculaire. Placez votre index sur le pouce (comme une pince) en pressant l'ongle du pouce dans l'index afin de faire un ancrage de la sensation agréable que vous laissez s'installer au cours de cet exercice. Essayez de vous souvenir d'une bonne fatigue physique, cette fatigue que vous ressentez après avoir bien travaillé, fait du sport ou tout simplement cette sensation agréable que vous avez certains jours quand vous êtes déjà réveillé et que vous savez que vous pouvez vous retourner dans votre lit encore une fois. Sentez cette sensation agréable comme elle se propage depuis votre cuir chevelu tout le long de votre corps jusque dans vos pieds et dans chacun de vos orteils. Permettez à votre corps de se sentir détendu, relâché, paisible. Puis faites glisser votre pouce sur le majeur. C'est le moment de vous souvenir d'un temps agréable avec une autre personne. Cela peut être un moment de tendresse ou un moment de simple conversation, un moment où vous vous êtes senti à l'aise avec un autre être humain, un moment réel, un moment imaginaire, un moment du passé, du présent ou de futur. Et essayez de retrouver cette sensation de sérénité, de calme intérieur, de confiance qui y est liée. Joignez ensuite le pouce et votre annulaire et rappelez-vous du plus beau compliment que vous avez eu et qui vous vient à l'esprit. Prenez le temps pour y réfléchir un peu et accepter-le. Puis posez votre pouce votre auriculaire et pensez au plus bel endroit qui vous vient à l'esprit. Imaginez cet endroit avec ses couleurs, ses odeurs, les sons qui lui sont familiers, et sentez cette sensation de détente et de paix qui sont propres à cet endroit. C'est le moment de vous faire des suggestions dans un langage positif, de vous dire que c'est agréable de vous sentir aussi détendu et calme (Pull, 2014).

Annexe B

Carnet de Bord
(LAM-DOE)

Annexe B

Carnet de Bord
(LAM-DOE)

Consignes

(Reicherts et al., 2007, 2008)

Consignes générales

- Veuillez noter <u>votre code</u> et les <u>dates de la semaine concernée</u> sur chaque carnet reçu.

- Le carnet de bord est à remplir <u>deux fois par jour</u> (deux enregistrements par jour), à différents moments de la journée. Veuillez le remplir en pensant à votre ressenti dans <u>le moment présent</u>.

- Veuillez noter l'heure et la date auxquelles vous y faites vos annotations.

- Vous avez la possibilité de spécifier la situation qui a engendré le ressenti actuel.

Consignes pour chaque enregistrement

1. Décrivez **l'intensité globale**
   (a) de votre **ressenti actuel** (humeur ou émotion) et
   (b) de votre **bien-être physique**

2. Décrivez votre **ressenti actuel** (humeur ou émotion) sur la **grille des émotions**

3. **Précisez** votre ressenti actuel (humeur ou émotion) à l'aide **d'adjectifs proposés**

4. Evaluez **les processus accompagnant** votre vécu (dans la situation présente / les 30 minutes précédentes)

1. Décrivez l'intensité globale de votre ressenti actuel (humeur ou émotion) et de votre bien-être physique

Ce carnet de bord vous demande en premier lieu d'indiquer l'**INTENSITE GLOBALE** du sentiment ressenti actuellement :

- Plus l'intensité ressentie est élevée, plus vous mettrez une croix vers la droite du « thermomètre ».
- Plus l'intensité est faible, plus vous vous orientez sur la gauche du « thermomètre ».

Exemple : intensité 3 sur 9 est une intensité faible :

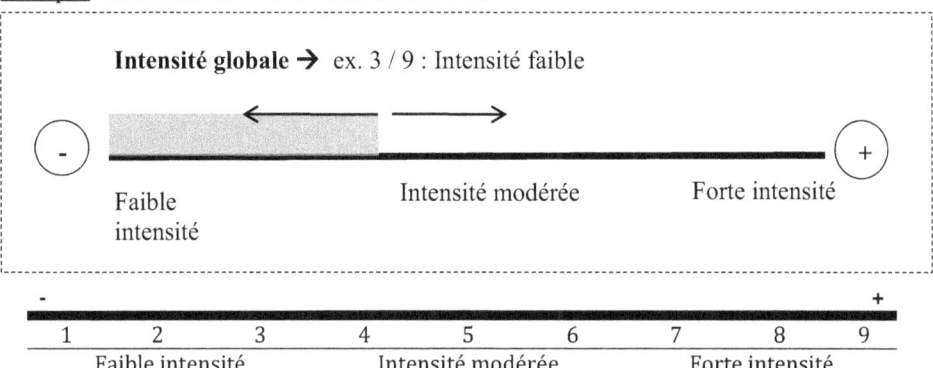

Dans un deuxième temps, vous êtes invité(e) à évaluer votre **BIEN-ETRE PHYSIQUE** actuel. Comme pour l'intensité, mettez une croix à l'endroit qui correspond à votre sensation :

- Plus vous vous sentez bien physiquement, plus vous allez sur la droite du « thermomètre ».
- Plus vous vous sentez mal physiquement, plus vous allez sur la gauche du « thermomètre ».

Exemple : bien-être 8 sur 10 est un bien-être élevé :

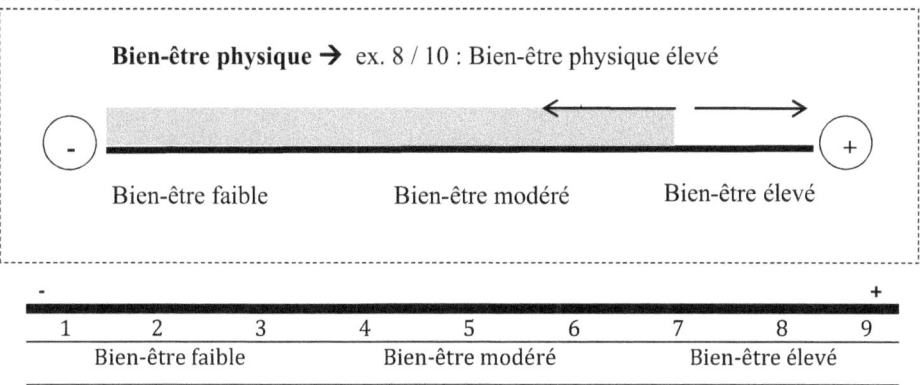

2. Décrivez votre ressenti actuel (humeur ou émotion) sur la grille des émotions

Pour cet exercice, il vous est demandé de noter l'émotion que vous ressentez sur l'instant présent et de mettre une croix dans la case de la grille correspondant à votre sentiment, ceci compte tenu des caractéristiques que vous lui attribuez et qui se définissent par :
- Son aspect agréable ou désagréable
- Son degré d'activation

L'axe horizontal de la grille représente ce qu'on appellera ici l' « *agréabilité* » du sentiment ressenti.
- La moitié droite de la grille représente des sentiments agréables ; plus vous allez sur la droite, plus ils sont agréables.
- La moitié gauche représente des sentiments désagréables ; plus vous allez sur la gauche, plus ils sont désagréables.

L'axe vertical de la grille représente le « *degré d'activation* ». L'activation représente à quel point une personne se sent éveillée, alerte, activée, vigilante, indépendamment du fait que ses sentiments sont positifs ou négatifs. Elle renvoie aussi à l'activation physiologique : un sentiment fortement activé se ressent également dans son corps.
- La moitié du haut de la grille représente des sentiments supérieurs à la moyenne en termes d'activation : par ex., la colère, l'enthousiasme, la joie… (= forte activation).
- La moitié du bas de la grille représente des sentiments inférieurs à la moyenne en termes d'activation : par ex., la tristesse, l'ennui, la relaxation, un état de somnolence (= faible activation).

L'axe horizontal et vertical de la grille se combinent et représentent les configurations de sentiments suivants :
- Des sentiments activés agréables (joie, euphorie) : zone supérieure droite.
- Des sentiments désactivés agréables (relaxation) : zone inférieure droite.
- Des sentiments activés désagréables (nervosité) : zone supérieure gauche.
- Des sentiments désactivés désagréables (tristesse) : zone inférieure gauche.

Le centre de la grille représente des sentiments neutres, moyens, ni positifs, ni négatifs :
- Certains sentiments ne sont ni particulièrement positifs ni négatifs : sur la grille, cette croix est placée au milieu de l'axe horizontal.
- Certains sentiments ne se veulent ni particulièrement activés ni particulièrement désactivés : sur la grille, la croix est située au milieu de l'axe vertical.

Affect / Emotion :

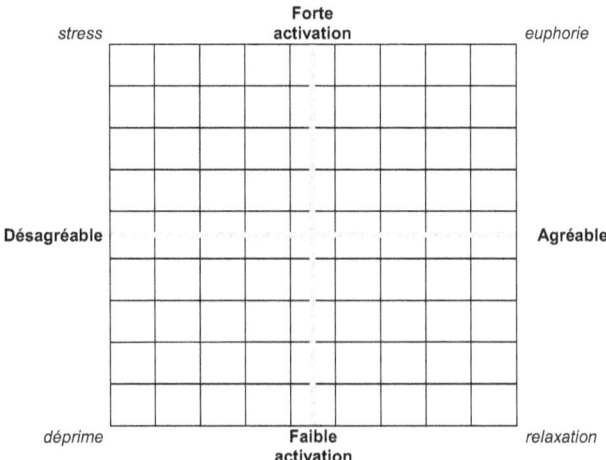

3. Décrivez plus précisément votre ressenti actuel (humeur ou émotion) à l'aide d'adjectifs proposés

Cet exercice vise à vous habituer à différents adjectifs et à mieux les connaître. Prenez chaque adjectif l'un après l'autre et procédez comme suit :

- Désignez par une croix l'adjectif (ou les adjectifs) qui correspond le mieux au sentiment lors de l'évaluation du ressenti actuel.
- Notez à côté de chaque adjectif choisi son intensité (de 1 à 9) à l'aide du « thermomètre ».

Répondez à l'instinct, sans trop réfléchir !

☐ Furieux (se) ___	☐ Réjoui (e) ___
☐ Surpris (e) ___	☐ Calme ___
☐ Coupable ___	☐ Nerveux (se) ___
☐ Triste ___	☐ Irrité (e) ___
☐ Exaspéré (e) ___	☐ Enthousiaste ___
☐ Content (e) ___	☐ Impuissant (e) ___
☐ Dégoûté (e) ___	☐ Emu (e) ___
☐ Etonné (e) ___	☐ Déçu (e) ___
☐ En colère ___	☐ Relaxé (e) ___
☐ Découragé (e) ___	☐ Serein (e) ___
☐ Intéressé (e) ___	☐ Enervé (e) ___
☐ Amusé (e) ___	☐ Anxieux (se) ___
☐ Heureux (se) ___	☐ Déprimé (e) ___
☐ Mal à l'aise ___	☐ Malheureux (se) ___
☐ Joyeux (se) ___	☐ Ennuyeux (se) ___

1	2	3	4	5	6	7	8	9
Faible intensité (-)			Intensité modérée			Forte intensité (+)		

4. Evaluez les processus accompagnant votre vécu / vos états affectifs en vous basant sur les 30 minutes précédant le moment d'enregistrement

Le carnet de bord vous invite à évaluer le degré de concordance entre votre ressenti et six affirmations qui vous sont soumises. Vous devez cocher la case qui correspond au plus juste à ce que vous avez vécu et fait.

Item 1 : J'ai identifié (distingué, nommé) les états affectifs dans lesquels je me suis trouvé(e) → « assez » (niveau 3)

☐ 0	☐ 1	☐ 2	☒ 3	☐ 4
pas du tout	un peu	moyennement	assez	tout à fait

Cochez « **pas du tout** » [0] si vous êtes entièrement en désaccord avec l'affirmation.
Cochez « **peu** » [1] si vous êtes légèrement en accord avec l'affirmation.
Cochez « **moyennement** » [2] si vous être moyennement en accord avec l'affirmation.
Cochez « **assez** » [3] si vous êtes passablement en accord avec l'affirmation.
Cochez « **tout à fait** » [4] si vous êtes entièrement en accord avec l'affirmation.

Procédez de la même manière pour compléter les cinq affirmations suivantes.
Pour chaque item cochez la réponse qui s'approche le mieux des processus accompagnant votre vécu / état affectif actuel.

Item 2 : J'ai remarqué (senti, perçu) des réactions corporelles internes liées à mon vécu / état affectif.

☐ 0	☐ 1	☐ 2	☐ 3	☐ 4
pas du tout	un peu	moyennement	assez	tout à fait

Item 3 : J'ai remarqué des réactions corporelles visibles en lien avec mon vécu / état affectif.

☐ 0	☐ 1	☐ 2	☐ 3	☐ 4
pas du tout	un peu	moyennement	assez	tout à fait

Item 4 : J'ai atténué ou reporté mon vécu / état affectif.

☐ 0	☐ 1	☐ 2	☐ 3	☐ 4
pas du tout	un peu	moyennement	assez	tout à fait

Item 5 : J'ai maintenu ou intensifié mon vécu / état affectif.

☐ 0	☐ 1	☐ 2	☐ 3	☐ 4
pas du tout	un peu	moyennement	assez	tout à fait

Item 6 : J'ai exprimé / communiqué mon vécu / état affectif vis-à-vis d'autrui.

☐ 0	☐ 1	☐ 2	☐ 3	☐ 4
pas du tout	un peu	moyennement	assez	tout à fait

5. Précisez le contexte social

Vous êtes maintenant invité(e) à indiquer dans quel **CONTEXTE SOCIAL** vous vous trouvez lors du ressenti actuel évalué.

Dans un premier temps, vous devez cocher la case qui permet de déterminer en quelle **COMPAGNIE** vous vous trouvez :

☐	Partenaire
☒	Membre(s) de la famille
☐	Ami(s) et / ou amie(s)
☐	Autre(s) personne(s)
☐	Seul(e)

Dans un deuxième temps, vous indiquez par une croix si vous vous trouvez ou non dans une **INTERACTION** (communication verbale ou non verbale) lors de l'évaluation de votre ressenti actuel.

☒	Oui
☐	Non

6. Précisez le lieu et l'activité

Un premier encadré vous demande le **LIEU** dans lequel vous vous trouvez au moment de l'évaluation du ressenti. Pour ce faire, vous devez cocher la case indiquant l'endroit où vous demeurez.

☒	Chez moi
☐	Ailleurs

Un deuxième encadré vous invite à signaler le **TYPE D'ACTIVITE** que vous effectuez lorsque vous évaluez votre ressenti.

☐	Travail ou autres tâches assumées
☐	Tâches ménagères / administratives ou commissions
☐	Discussion
☒	Loisirs-plaisirs, activité sportive
☐	Repas, boire un café, en pause
☐	Repos, prendre soin de moi, « farniente »
☐	Autre

Annexe B

Carnet de Bord
(LAM-DOE)

Feuilles d'enregistrement

(Reicherts et al., 2007, 2008)

Code : _____

Semaine du _____ au _____

(Un carnet de bord par semaine comprend 16-20 feuilles d'enregistrement recto-verso format A5 / A6)

Date : _____   Heure : _____
Situation : _____
_____
_____

1. **INTENSITÉ GLOBALE**

1	2	3	4	5	6	7	8	9
− Faible				Modérée				Forte +

   BIEN-ÊTRE PHYSIQUE

1	2	3	4	5	6	7	8	9
− Faible				Modéré				Elevé +

2. **RESSENTI ACTUEL - GRILLE DES ÉMOTIONS.**

AFFECT / EMOTION : _____

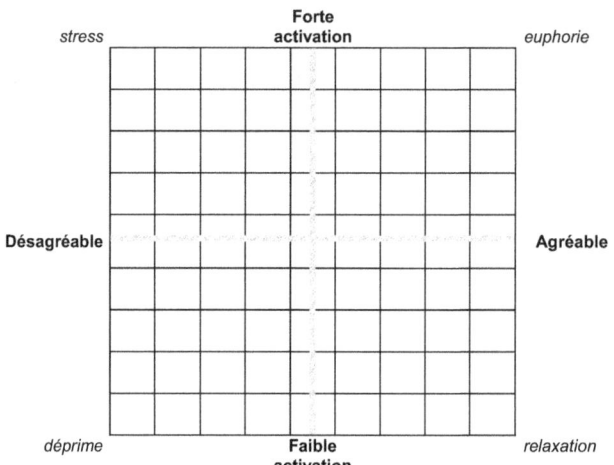

3. **RESSENTI ACTUEL - ADJECTIFS PROPOSÉS**

- ☐ Furieux (se) : ____
- ☐ Surpris (e) : ____
- ☐ Coupable : ____
- ☐ Triste : ____
- ☐ Exaspéré (e): ____
- ☐ Content (e) : ____
- ☐ Dégoûté (e) : ____
- ☐ Etonné (e) : ____
- ☐ En colère : ____
- ☐ Découragé (e) : ____

- ☐ Intéressé (e) : ____
- ☐ Amusé (e) : ____
- ☐ Heureux (se) : ____
- ☐ Mal à l'aise : ____
- ☐ Joyeux (se) : ____
- ☐ Réjoui (e) : ____
- ☐ Calme : ____
- ☐ Nerveux (se) : ____
- ☐ Irrité (e) : ____
- ☐ Enthousiaste : ____

- ☐ Impuissant (e) : ____
- ☐ Emu (e) : ____
- ☐ Déçu (e) : ____
- ☐ Relaxé (e) : ____
- ☐ Serein (e) : ____
- ☐ Enervé (e) : ____
- ☐ Anxieux (se) : ____
- ☐ Déprimé (e) : ____
- ☐ Malheureux (se) : ____
- ☐ Ennuyé(e) : ____
- ☐ Stressé (e) : ____

1	2	3	4	5	6	7	8	9
− Faible intensité				Intensité modérée				Forte intensité +

4. PROCESSUS ACCOMPAGNANT VOS ÉTATS AFFECTIFS

Item 1 : J'ai identifié (distingué, nommé) le vécu / l'état affectif dans lequel je me suis trouvé(e).

☐ 0	☐ 1	☐ 2	☐ 3	☐ 4
pas du tout	un peu	Moyennement	assez	tout à fait

Item 2 : J'ai remarqué (senti, perçu) des réactions corporelles internes liées à mon vécu / état affectif.

☐ 0	☐ 1	☐ 2	☐ 3	☐ 4
pas du tout	un peu	Moyennement	assez	tout à fait

Item 3 : J'ai remarqué des réactions corporelles visibles en lien avec mon vécu / état affectif.

☐ 0	☐ 1	☐ 2	☐ 3	☐ 4
pas du tout	un peu	Moyennement	assez	tout à fait

Item 4 : J'ai atténué ou reporté mon vécu / état affectif.

☐ 0	☐ 1	☐ 2	☐ 3	☐ 4
pas du tout	un peu	Moyennement	assez	tout à fait

Item 5 : J'ai maintenu ou intensifié mon vécu / état affectif.

☐ 0	☐ 1	☐ 2	☐ 3	☐ 4
pas du tout	un peu	Moyennement	assez	tout à fait

Item 6 : J'ai exprimé / communiqué mon vécu / état affectif vis-à-vis d'autrui.

☐ 0	☐ 1	☐ 2	☐ 3	☐ 4
pas du tout	un peu	Moyennement	assez	tout à fait

5. CONTEXTE SOCIAL

En compagnie de :
- ☐ Partenaire
- ☐ Membre(s) de la famille
- ☐ Ami(s) et / ou amie(s)
- ☐ Autre(s) personne(s)

Seul(e)

Interaction :
- ☐ Oui
- ☐ Non

6. LIEU
- ☐ Chez moi
- ☐ Ailleurs

ACTIVITÉ
- ☐ Travail ou autres tâches assumées
- ☐ Tâches ménagères / administratives ou commissions
- ☐ Discussion
- ☐ Loisirs-plaisirs, activité sportive
- ☐ Repas, boire un café, en pause
- ☐ Repos, prendre soin de moi, « farniente »
- ☐ Autre

REMARQUES CONCERNANT L' ENREGISTREMENT : _____

_____

_____

Annexe B

Carnet de Bord
(LAM-DOE)

Exercices / entraînement

(Reicherts et al., 2007, 2008)

Situations standard : *exemples*

Situation 1 : Anxiété

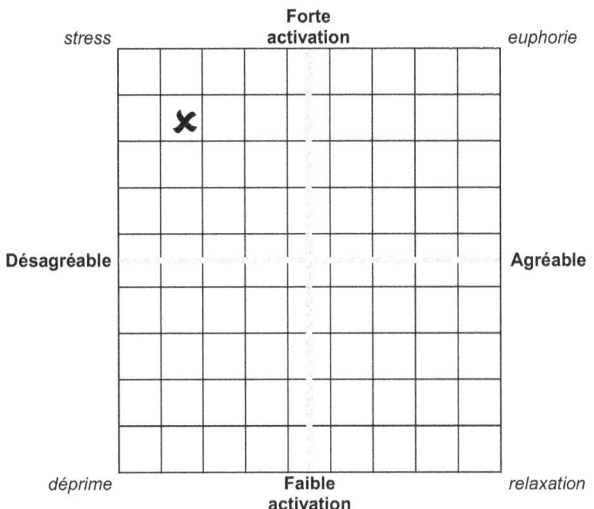

Une personne se rend chez son médecin pour recevoir des résultats d'examens.

On peut supposer qu'il s'agisse d'une situation relativement *désagréable* pour cette personne, laquelle ressent à ce moment-là une *activation plus marquée* que d'habitude.

Dans ce cas de figure, la personne pourrait placer sa croix à l'emplacement indiqué sur la grille.

Situation 2 : Tristesse

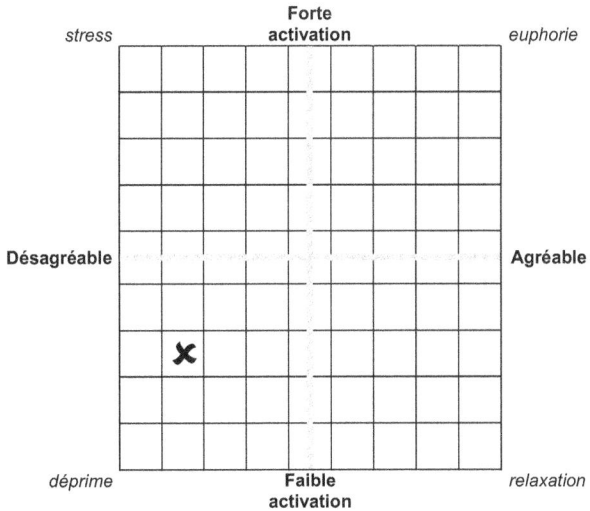

En écoutant les nouvelles à la radio, une personne apprend qu'un enfant de son village est décédé de manière tragique.

On peut supposer qu'il s'agisse d'une situation relativement *désagréable* pour cette personne, mais qui implique relativement *peu d'activation*.

Dans ce cas de figure, la personne pourrait placer sa croix à l'emplacement indiqué sur la grille.

Situations standard : *exemples (suite)*

Situation 3 : Joie

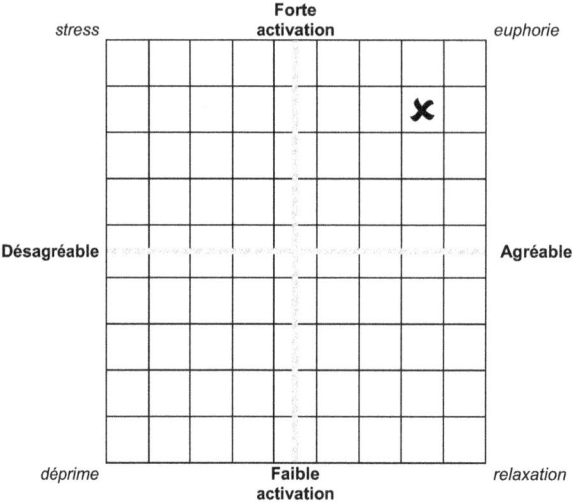

Une personne croise par hasard un ami qu'elle avait perdu de vue depuis longtemps.

On peut supposer qu'il s'agisse d'une situation *agréable* et qui comporte également une *activation supérieure* à la moyenne.

Dans ce cas de figure, la personne pourrait placer sa croix à l'emplacement indiqué sur la grille.

Situation 4 : Calme

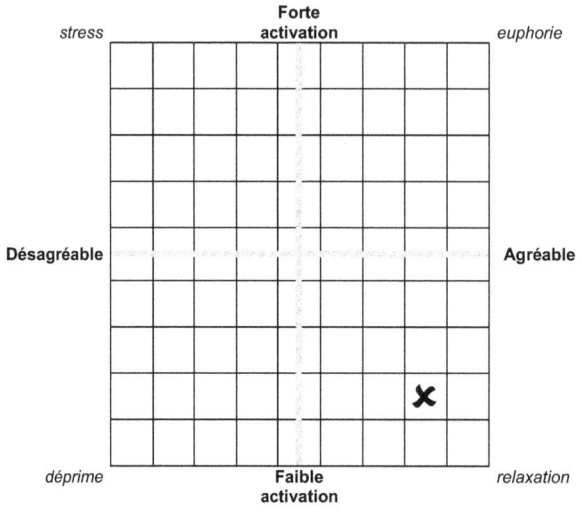

Une personne est assise sur une terrasse ensoleillée et boit tranquillement un verre avec un ami.

On peut supposer qu'il s'agisse d'une situation plutôt *agréable*, mais avec un *faible degré d'activation*.

Dans ce cas de figure, la personne pourrait placer sa croix à l'emplacement indiqué sur la grille.

Situations standard : exemples *à coter soi-même*

Situation 1 : Anxiété

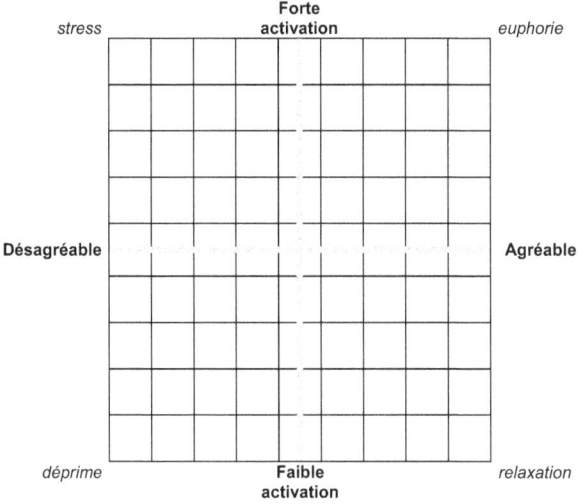

Une personne attend un de ses amis généralement très ponctuel, mais celui-ci a déjà une heure de retard et ne répond pas à son téléphone portable.

On peut supposer qu'il s'agisse d'une situation relativement *désagréable* pour la personne qui ressent une *activation plus marquée* que d'habitude.

Indiquez l'endroit où elle pourrait mettre sa croix !

INTENSITE GLOBALE : _____

Echelle de l'intensité globale

1	2	3	4	5	6	7	8	9

Faible intensité (-)   **Intensité modérée**   **Forte intensité (+)**

Situation 2 : Tristesse

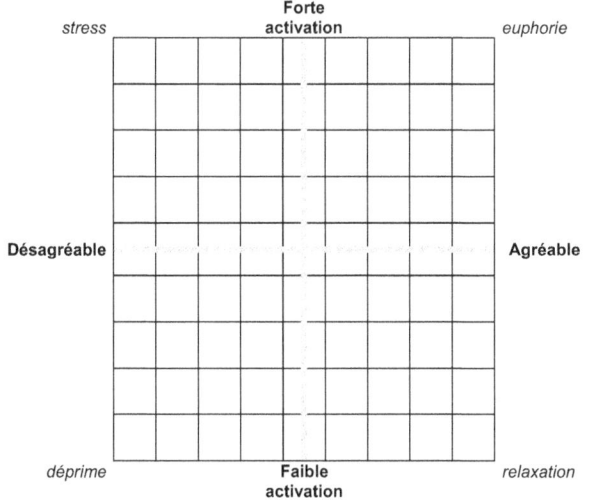

Une personne vient de perdre son animal de compagnie.

On peut supposer qu'il s'agisse d'une situation plutôt *désagréable* pour cette personne, mais qui implique relativement *peu d'activation*.

Indiquez l'endroit où elle pourrait mettre sa croix !

INTENSITE GLOBALE : _____

Situations standard : exemples *à coter soi-même (suite)*

Situation 3 : Joie

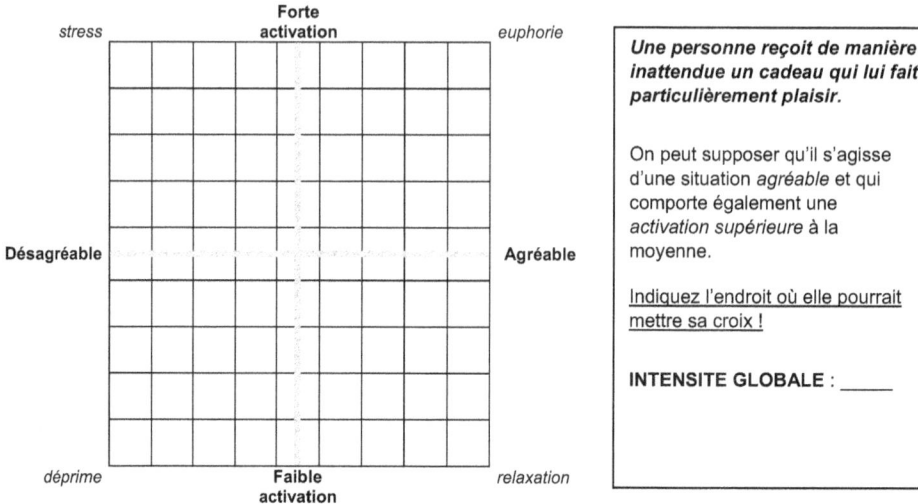

Echelle de l'intensité globale

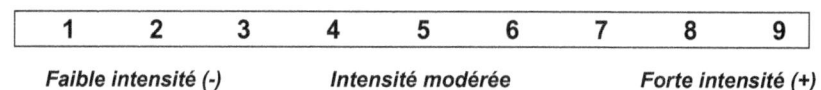

Faible intensité (-)   Intensité modérée   Forte intensité (+)

Situation 4 : Calme

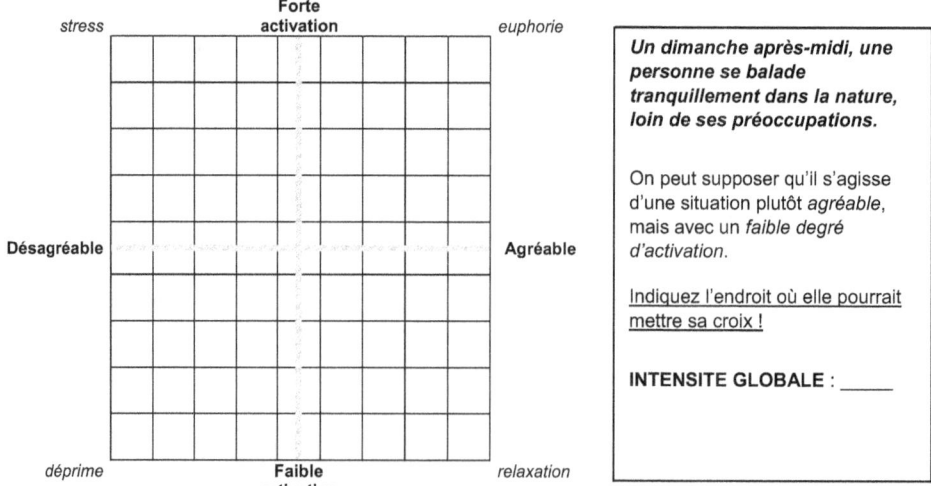

Situations personnelles vécues lors des deux dernières semaines

Situation 1 : Anxiété

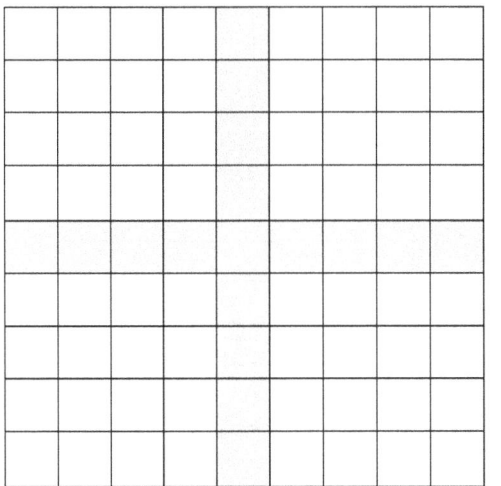

Essayez de vous rappeler le plus clairement possible une situation que vous avez vécue au cours des deux dernières semaines et dans laquelle vous vous êtes senti(e) **en colère** ou **anxieux(se)**. Indiquez sur la grille la position qui reflète le mieux cet état.

_____
_____
_____
_____

INTENSITE GLOBALE : _____

Echelle de l'intensité globale

| 1 | 2 | 3 | 4 | 5 | 6 | 7 | 8 | 9 |

Faible intensité (-)   *Intensité modérée*   *Forte intensité (+)*

Situation 2 : Tristesse

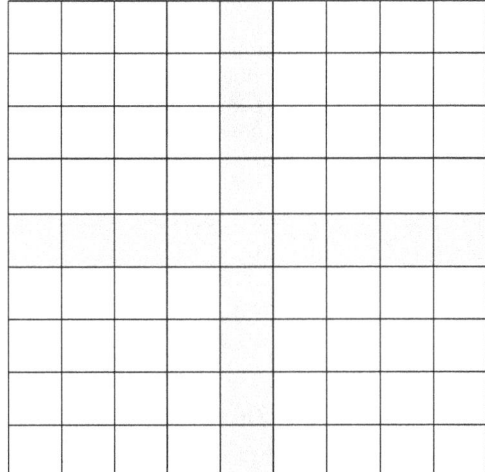

Essayez de vous rappeler le plus clairement possible une situation que vous avez vécue au cours des deux dernières semaines et dans laquelle vous vous êtes senti(e) **triste**. Indiquez sur la grille la position qui reflète le mieux cet état.

_____
_____
_____
_____

INTENSITE GLOBALE : _____

Faible intensité (-)   *Intensité modérée*   *Forte intensité (+)*

Situations personnelles vécues lors des deux dernières semaines

Situation 3 : Joie

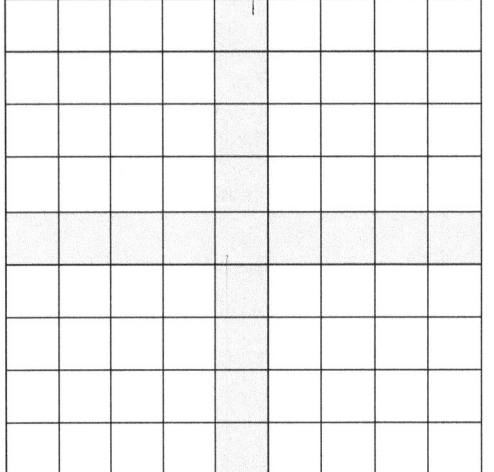

Essayez de vous rappeler le plus clairement possible une situation que vous avez vécue au cours des deux dernières semaines et dans laquelle vous vous êtes senti(e) **joyeux(se) ou heureux(se)**. Indiquez sur la grille la position qui reflète le mieux cet état.

_____
_____
_____
_____

INTENSITE GLOBALE : _____

Echelle de l'intensité globale

1	2	3	4	5	6	7	8	9

Faible intensité (-)　　　　*Intensité modérée*　　　　*Forte intensité (+)*

Situation 4 : Calme

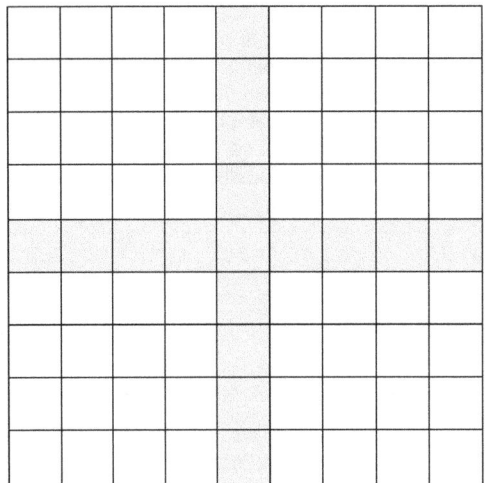

Essayez de vous rappeler le plus clairement possible une situation que vous avez vécue au cours des deux dernières semaines et dans laquelle vous vous êtes senti(e) **calme ou serein(e)**. Indiquez sur la grille la position qui reflète le mieux cet état.

_____
_____
_____
_____

INTENSITE GLOBALE : _____

Annexe B

Carnet de Bord
(LAM-DOE)

Item-key et dépouillement

LAM-DOE (Learning Affect Monitor) – Item-key et dépouillement

Intensité du vécu	Somme____ / nombre d'enregistrements ____ = ____
Bien-être physique	Somme____ / nombre d'enregistrements ____ = ____
Valence / agréabilité	Somme____ / nombre d'enregistrements ____ = ____
Activation corporelle	Somme____ / nombre d'enregistrements ____ = ____
Nombre de qualitatifs	Somme____ / nombre d'enregistrements ____ = ____

« Learning affect monitor » (LAM-DOE) : valeurs de référence (N=114 ; 60% de femmes, âge moyen 28 ans ; échantillon « pooled », Salamin, 2009 ; Reicherts, 2009)

Dimension	Moyenne	Ecart-type	Fidélité split-half
Intensité du vécu	4.87	1.27	.97
Bien-être physique	6.25	1.10	.96
Valence / agréabilité	5.98	0.69	.82
Activation corporelle	4.95	0.63	.78
Nombre de qualificatifs affectifs	3.32	1.45	.98

LAM-DOE (DOE-self-monitoring) – Item-key et dépouillement

Représentation cognitive   Somme____ / nombre d'enregistrements ____ = ____

Perception interne   Somme____ / nombre d'enregistrements ____ = ____

Perception externe   Somme____ / nombre d'enregistrements ____ = ____

Régulation vers le haut   Somme____ / nombre d'enregistrements ____ = ____

Régulation vers le bas   Somme____ / nombre d'enregistrements ____ = ____

Communication des émotions   Somme____ / nombre d'enregistrements ____ = ____

DOE-self-monitoring (LAM-DOE) : valeurs de référence (N=48 ; 56% de femmes, âge moyen 24 ans ; Reicherts, 2009)

Dimension	Moyenne	Ecart-type	Fidélité split-half
Représentation cognitive et conceptuelle (REPCOG)	2.08	0.85	.98
Perception des indicateurs corporels internes (PERINT)	1.36	0.73	.97
Perception des indicateurs corporels externes (PEREXT)	1.06	0.70	.96
Régulation des émotions vers le haut (REGEMO-up)	1.35	0.94	.98
Régulation des émotions vers le bas (REGEMO-down)	0.95	0.79	.98
Communication et expression des émotions (COMEMO)	0.92	0.54	.91

L'évaluation et l'interprétation suivent les même principes psychométriques tels que décrits pour le questionnaire DOE-IT (voir p. 130).

Annexe C

Questionnaires

Annexe C

Liste des Descripteurs Affectifs (LDA)

LDA (Liste des Descripteurs Affectifs)

De manière générale, il m'arrive de me sentir ...

Jamais ← → Toujours

#							
1.	Triste	0	1	2	3	4	5
2.	Joyeux	0	1	2	3	4	5
3.	Déprimé	0	1	2	3	4	5
4.	Dégoûté	0	1	2	3	4	5
5.	Enthousiaste	0	1	2	3	4	5
6.	En colère	0	1	2	3	4	5
7.	Serein	0	1	2	3	4	5
8.	Anxieux	0	1	2	3	4	5
9.	Malheureux	0	1	2	3	4	5
10.	Content	0	1	2	3	4	5
11.	Timide	0	1	2	3	4	5
12.	Énervé	0	1	2	3	4	5
13.	Calme	0	1	2	3	4	5

LDA – Item key et dépouillement

Le vécu (ou l'affectivité) négatif, en termes d'une ***tendance plus générale et à plus long terme,*** peut être estimé (« screening ») à partir de la moyenne des items :

1, 3, 4, 6, 8, 9, 11, 12   Somme _____ / 8 = _____

Le vécu (ou l'affectivité) positif, en termes d'une ***tendance plus générale et à plus long terme,*** peut être estimé (« screening ») à partir de la moyenne des items :

2, 5, 7, 10, 13   Somme _____ / 5 = _____

Annexe C

Dimensions de l'Ouverture Emotionnelle (DOE-36)

(Reicherts, 2007 ; Reicherts et al., 2012)

DOE-36 (Reicherts, 2007)

Code : _____   Date du jour : _____

Age : _____ (ans)   Sexe : ☐ f   ☐ m

Consigne

Ce questionnaire porte sur votre façon de vivre vos émotions, vos états affectifs, ainsi que vos humeurs dans la vie de tous les jours.

Répondez de la manière qui vous correspond le mieux et non pas de la manière qui vous paraît être la plus juste. Faites attention de **répondre à toutes les questions**.

Dans les cas où aucune réponse ne vous paraît satisfaisante, choisissez la réponse qui se rapproche le plus de vos réactions.

Merci de votre collaboration !

En général, il me semble que :

	Pas du tout	Un peu	Modérément	Beaucoup	Extrêmement
	0	1	2	3	4

1. Je trouve difficile de parler de ma vie affective.   0   1   2   3   4

2. Mes réactions corporelles sont en rapport avec mon humeur.   0   1   2   3   4

3. Je n'aime pas exprimer ou communiquer mes émotions.   0   1   2   3   4

4. Ce qui se passe à l'intérieur de moi transparaît dans mon comportement.   0   1   2   3   4

5. Je préfère garder pour moi les choses qui me préoccupent.   0   1   2   3   4

6. J'arrive à atténuer mes émotions, même dans des situations difficiles.   0   1   2   3   4

7. Les autres me font remarquer les humeurs que j'exprime.   0   1   2   3   4

8. Il m'est agréable que les autres puissent savoir comment je vais.   0   1   2   3   4

En général, il me semble que :

		Pas du tout	Un peu	Modérément	Beaucoup	Extrêmement
9.	Pour trouver la raison de mes émotions, je dois réfléchir longtemps.	0	1	2	3	4
10.	Pour moi, il y a trop peu d'expression de sentiments dans la vie quotidienne.	0	1	2	3	4
11.	Par moments, je me sens sous l'emprise d'une émotion sans savoir comment l'affronter.	0	1	2	3	4
12.	Je distingue bien les états dans lesquels je me trouve.	0	1	2	3	4
13.	Mes humeurs ne regardent pas les autres.	0	1	2	3	4
14.	Mon état physique me fait réfléchir sur mes émotions.	0	1	2	3	4
15.	Mon humeur se voit à travers mes comportements et mes expressions.	0	1	2	3	4
16.	Par moments, des fortes émotions me font craquer.	0	1	2	3	4
17.	Je sais très bien dans quel état affectif je me trouve.	0	1	2	3	4
18.	J'aimerais qu'il soit plus facile dans notre société d'exprimer ses sentiments.	0	1	2	3	4
19.	Je sais qu'il est possible de lire mon état interne sur mon visage.	0	1	2	3	4
20.	Il y a trop peu de gens qui arrivent à exprimer leurs émotions.	0	1	2	3	4
21.	J'arrive à alléger ou reporter l'impact d'une forte émotion.	0	1	2	3	4
22.	Mon état corporel peut attirer mon attention.	0	1	2	3	4
23.	Je fais volontiers part aux autres de mes sentiments même désagréables.	0	1	2	3	4

En général, il me semble que :

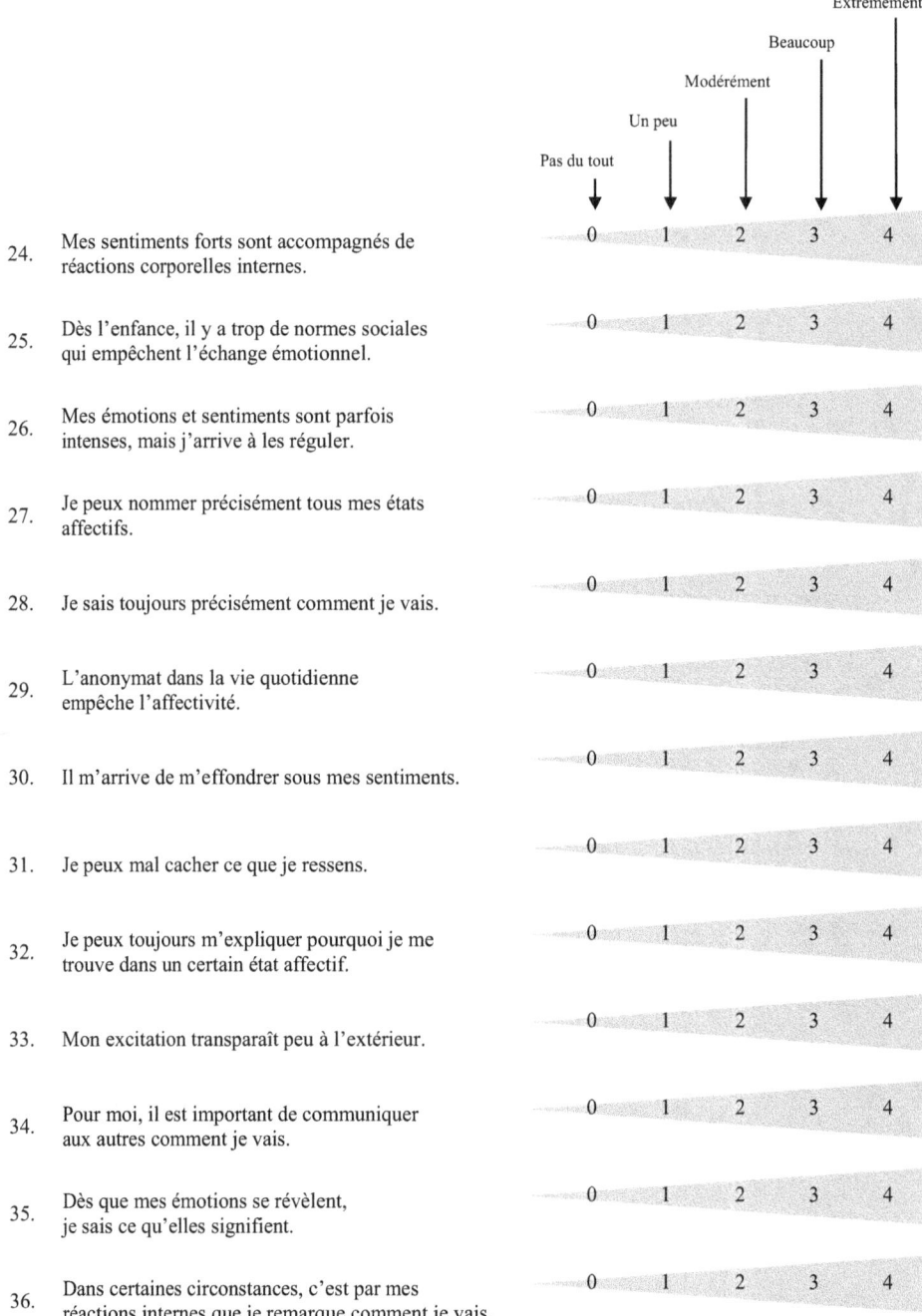

24. Mes sentiments forts sont accompagnés de réactions corporelles internes.

25. Dès l'enfance, il y a trop de normes sociales qui empêchent l'échange émotionnel.

26. Mes émotions et sentiments sont parfois intenses, mais j'arrive à les réguler.

27. Je peux nommer précisément tous mes états affectifs.

28. Je sais toujours précisément comment je vais.

29. L'anonymat dans la vie quotidienne empêche l'affectivité.

30. Il m'arrive de m'effondrer sous mes sentiments.

31. Je peux mal cacher ce que je ressens.

32. Je peux toujours m'expliquer pourquoi je me trouve dans un certain état affectif.

33. Mon excitation transparaît peu à l'extérieur.

34. Pour moi, il est important de communiquer aux autres comment je vais.

35. Dès que mes émotions se révèlent, je sais ce qu'elles signifient.

36. Dans certaines circonstances, c'est par mes réactions internes que je remarque comment je vais.

DOE-36 Item key et dépouillement

Le DOE-36 est un questionnaire multidimensionnel comprenant 5 dimensions issues d'une construction théoriquement fondée et reposant sur des analyses factorielles (pour plus de détails, voir Reicherts, 2007 ; Reicherts *et al.*, 2012)

Représentation cognitive des émotions (REPCOG) :
Items 9*, 12, 17, 27, 28, 32, 35   Somme ____ / 7 = _____

Communication des émotions (COMEMO) :
Items 1*, 3*, 5*, 8, 13*, 23, 34   Somme ____ / 7 = _____

Perception des indicateurs émotionnels internes (PERINT) :
Items 2, 14, 22, 24, 36   Somme ____ / 5 = _____

Perception des indicateurs émotionnels externes (PEREXT) :
Items 4, 7, 15, 19, 31, 33*   Somme ____ / 6 = _____

Régulation des émotions (REGEMO) :
Items 6, 11*, 16*, 21, 26, 30*   Somme ____ / 6 = _____

Restrictions normatives de l'affectivité (RESNOR) :
Items 10, 18, 20, 25, 29   Somme ____ / 5 = _____

Dépouillement

Le score d'une échelle (dimension) est calculé en effectuant la moyenne des items mentionnés ci-dessus (codés de 0 à 4), après inversion des items négatifs (à calculer 4 moins la valeur brute). Ainsi, pour les items négatifs, signalés par un *, un score de 4 devient un score de 0. Lorsqu'il y a des valeurs manquantes, la moyenne est calculée sur la base des items cochés.

Interprétation

Les scores individuels obtenus par échelle / dimension peuvent être comparés aux valeurs de référence ci-dessous. L'interprétation suit les principes présentés dans le chapitre sur le questionnaire DOE-IT et son profil (voir p. 130).

DOE-36 : valeurs de référence (N=430 ; 57% de femmes ; âge moyen 35.6 ans)

Dimension	Moyenne	Ecart-type	Fidélité split-half
Représentation cognitive et conceptuelle (REPCOG)	2.48	0.66	.81
Perception des indicateurs corporels internes (PERINT)	2.07	0.78	.76
Perception des indicateurs corporels externes (PEREXT)	1.99	0.71	.77
Communication et expression des émotions (COMEMO)	2.09	0.70	.77
Régulation des émotions (affect repair) (REGEMO)	2.22	0.69	.72

Annexe C

DOE-IT Inventaire des Techniques de régulation des émotions

(Reicherts & Haymoz, 2011)

Pour un exemple d'analyse individuel du DOE-IT, voir Annexe A24

Dimensions de l'Ouverture émotionnelle – Inventaire de techniques de régulation (DOE – IT) (Reicherts & Haymoz, 2011) AFFECT NÉGATIV

L'inventaire ci-dessous regroupe différentes <u>stratégies qui peuvent aider à modifier</u> (atténuer, augmenter ou maintenir) des émotions et des états affectifs.

Nous vous demandons de réfléchir à des situations qui ont généré un **vécu affectif négatif** (ex : de la tristesse, de la colère, de la peur, etc.). Veuillez remplir l'inventaire par rapport à ces situations en vous prononçant d'une part, sur le degré de <u>votre utilisation de telles stratégies dans l'immédiat et à plus long terme</u> et d'autre part, sur leur <u>degré d'efficacité</u> (lorsqu'elles sont appliquées ou si ce n'est pas le cas, en imaginant / estimant leur efficacité si vous les utiliseriez).

	Pour modifier, atténuer ou encore reporter mon vécu affectif <u>négatif</u> (mes émotions ou mes humeurs désagréables ; lorsque je vais mal ou que je suis contrarié(e), stressé(e))…	J'essaie de faire ceci…					Si je fais ceci c'est…				
		Pas du tout	Rarement	Parfois	Assez souvent	Fréquemment / régulièrement	Pas du tout efficace	Peu efficace	Moyennement efficace	Assez efficace	Très efficace
A.	**Agir activement sur la situation émotionnellement chargée ou significative en <u>l'influençant</u> ou en influençant certains paramètres de la situation** *(essayer activement d'influencer la situation que vous vivez ou un de ses aspects).* Ex.: Je suis nerveux(se) car j'ai rendez-vous avec un collègue pour discuter d'un sujet conflictuel : il a pris beaucoup trop de retard dans son travail.										
1.	**Influencer sur le moment la situation pour la rendre plus agréable ou acceptable.** Ex. : Je propose de nous rencontrer dans un lieu familier et convivial.	0	1	2	3	4	0	1	2	3	4
2.	**Influencer sur le moment des éléments pour résoudre le problème.** Ex. : J'amène une proposition concrète pour qu'il puisse rattraper son retard.	0	1	2	3	4	0	1	2	3	4
3.	**Agir de manière anticipée pour mieux gérer les conséquences** éventuelles. Ex. : J'ai organisé le rendez-vous en fin de semaine afin de laisser les choses se poser pendant le week-end.	0	1	2	3	4	0	1	2	3	4
4.	**Influencer de manière anticipée la situation** pour mieux la gérer. Ex. : J'ai demandé à une tierce personne d'être présente lors de ce rendez-vous pour éviter que des choses soient mal interprétées.	0	1	2	3	4	0	1	2	3	4
5.	Autres :	0	1	2	3	4	0	1	2	3	4

	Pour modifier, atténuer ou encore reporter mon vécu affectif <u>négatif</u> (mes émotions ou mes humeurs désagréables ; lorsque je vais mal ou que je suis contrarié(e), stressé(e))…	J'essaie de faire ceci…					Si je fais ceci c'est…				
		Pas du tout	Rarement	Parfois	Assez souvent	Fréquemment / régulièrement	Pas du tout efficace	Peu efficace	Moyennement efficace	Assez efficace	Très efficace
B.	**Agir activement sur la situation émotionnellement chargée ou significative en l'<u>évitant</u> ou en évitant certains paramètres de la situation.** Ex. : Je dois aller manger chez ma belle-mère, avec mon / ma partenaire, mais je déteste ces dîners.										
6.	**Éviter** la situation. Ex. : Je ne vais tout simplement pas au dîner.	0	1	2	3	4	0	1	2	3	4
7.	Me **retirer, m'échapper** de la situation. Ex. : J'y vais mais j'écourte le dîner.	0	1	2	3	4	0	1	2	3	4
8.	Me **débarrasser** de la situation. Ex. : Je ne réponds pas à l'invitation à dîner ou dis à mon / ma partenaire d'y aller seul.	0	1	2	3	4	0	1	2	3	4
9.	**Attendre** sans faire grand-chose. Ex. : Je reste passif(ve)…	0	1	2	3	4	0	1	2	3	4
10.	Autres :	0	1	2	3	4	0	1	2	3	4
C.	**Supprimer des informations, ne pas tenir compte de certains éléments de la situation, de mon vécu.** Ex. 1 : J'apprends qu'une personne proche a une maladie grave. Ex. 2 : Après avoir passé un entretien d'embauche, j'attends une réponse concernant mon possible engagement.										
11.	**Garder à distance** les informations sur la situation / sur mon vécu présent. Ex. 1 : Dans un premier temps, je ne me renseigne pas sur les chances de guérison concernant cette maladie. Ex. 2 : Au début, je m'efforce de ne pas me remémorer du déroulement de l'entretien.	0	1	2	3	4	0	1	2	3	4
12.	**Supprimer les informations ou pensées** portant sur la situation ou mon vécu. Ex. : Après avoir quitté l'entretien, j'essaie de ne pas y penser, de laisser ça de côté.	0	1	2	3	4	0	1	2	3	4
13.	**Détourner mon attention** de la situation et des émotions qui en découlent. Ex. : J'essaye de me distraire en faisant une activité, en regardant le paysage,…	0	1	2	3	4	0	1	2	3	4
14.	**Penser à autre chose**. Ex. : Je pense à quelque chose d'autre qui m'occupe ces temps ou à quelque chose d'agréable (je me souviens d'un moment agréable, pense à mes futures vacances, à ce que je vais faire pour la soirée, …).	0	1	2	3	4	0	1	2	3	4
15.	Autres :	0	1	2	3	4	0	1	2	3	4

	Pour modifier, atténuer ou encore reporter mon vécu affectif <u>négatif</u> (mes émotions ou mes humeurs désagréables ; lorsque je vais mal ou que je suis contrarié(e), stressé(e))…	J'essaie de faire ceci…						Si je fais ceci c'est…				
		Pas du tout	Rarement	Parfois	Assez souvent	Fréquemment / régulièrement		Pas du tout efficace	Peu efficace	Moyennement efficace	Assez efficace	Très efficace
D.	**Changer mes intentions initiales, mes buts.** Ex. : Je voulais impérativement rendre un travail pour la fin de la semaine, mais je me rends compte que le délai est trop court ou que je n'ai pas les moyens à disposition pour y arriver.											
16.	Changer mes **plans** (ma manière de faire, les étapes pour atteindre l'objectif) pour les adapter à la situation / à mon vécu. Ex. : Je mets la priorité sur les aspects les plus urgents ou importants et je planifie que je ferai le reste si j'ai encore du temps.	0	1	2	3	4		0	1	2	3	4
17.	Développer **d'autres buts**, de nouveaux objectifs. Ex. : Je décide de laisser tomber ma première idée et de faire / refaire autrement.	0	1	2	3	4		0	1	2	3	4
18.	Revoir les buts / objectifs que je suis en train de poursuivre (modifier la finalité, les buts que je souhaite atteindre. Ex. : Je baisse mes exigences personnelles, je m'accorde un délai supplémentaire cette fois-ci.	0	1	2	3	4		0	1	2	3	4
19.	Autres :	0	1	2	3	4		0	1	2	3	4
E.	**Adapter mes buts pour <u>accepter</u> la situation.** Ex. : Je me sens nul(le) car je n'ai pas eu une promotion que j'espérais.											
20.	Remarquer un changement dans **ma motivation**. Ex. : Je remarque qu'en fin de compte je peux accepter la situation et que je serais prêt(e) à passer à autre chose.	0	1	2	3	4		0	1	2	3	4
21.	Accepter la situation et être en paix avec elle. Ex. : Je ressens que je peux accepter la situation telle qu'elle est.	0	1	2	3	4		0	1	2	3	4
22.	**Faire avec** la situation et ce qu'elle **signifie**, s'adapter à la situation. Ex. : J'accepte de ne pas avoir eu la promotion et que je vais continuer à travailler à mon poste actuel.	0	1	2	3	4		0	1	2	3	4
23.	Autres :	0	1	2	3	4		0	1	2	3	4

	Pour modifier, atténuer ou encore reporter mon vécu affectif <u>négatif</u> (mes émotions ou mes humeurs désagréables ; lorsque je vais mal ou que je suis contrarié(e), stressé(e))…	J'essaie de faire ceci…					Si je fais ceci c'est…				
F.	**Réévaluer / recadrer la situation (soit en la comparant avec d'autres situations déjà vécues ou vécues par d'autres personnes, soit en la voyant différemment).** *i.e., parfois on peut penser de différentes manières à la même situation.* Ex. : Je suis fâché(e) contre ma fille car elle a griffé ma voiture.	Pas du tout	Rarement	Parfois	Assez souvent	Fréquemment / régulièrement	Pas du tout efficace	Peu efficace	Moyennement efficace	Assez efficace	Très efficace
24.	Voir la situation sous un autre jour (un autre angle). Ex. : Cette griffure c'est moins grave que le pare-choc arraché la dernière fois.	0	1	2	3	4	0	1	2	3	4
25.	Voir le côté positif ou intéressant de la situation. Ex. : C'est l'occasion de faire enlever les deux autres bosses de la carrosserie !	0	1	2	3	4	0	1	2	3	4
26.	Voir ce que je pourrais apprendre de cette situation. Ex. : En fin de compte c'est une occasion de rediscuter de certains thèmes avec ma fille.	0	1	2	3	4	0	1	2	3	4
27.	Me rendre compte de ce que la situation m'apporte de nouveau. Ex. : Je réalise que je me fâche facilement, je devrais prendre un peu de repos…	0	1	2	3	4	0	1	2	3	4
28.	Autres :	0	1	2	3	4	0	1	2	3	4
G.	**Se relaxer et se détendre (sans technique particulière).** *i.e., pour essayer de se sentir bien dans son corps et dans le moment présent* Ex. : je suis anxieux(se) avant les résultats d'un examen médical.	Pas du tout	Rarement	Parfois	Assez souvent	Fréquemment / régulièrement	Pas du tout efficace	Peu efficace	Moyennement efficace	Assez efficace	Très efficace
29.	Respirer calmement et profondément, plusieurs fois.	0	1	2	3	4	0	1	2	3	4
30.	Me mettre dans une position corporelle plus confortable ou agréable (par ex. : assis, allongé).	0	1	2	3	4	0	1	2	3	4
31.	Écouter une musique qui réponde à mon état affectif. Ex. : qui me calme si je suis anxieux ou au contraire qui me réveille si je suis fatigué(e).	0	1	2	3	4	0	1	2	3	4
32.	Laisser agir les différentes sensations, impressions ou bruits / sons sur moi, sans les diriger. Ex. : Écouter les bruits, ressentir le vent sur mon visage,…et prêter attention à ce que cela fait en moi.	0	1	2	3	4	0	1	2	3	4
33.	Laisser passer toutes les impressions et sensations telles qu'elles sont. Ex. : Prendre conscience de mon ressenti présent, émotions, sensations corporelles,… et de les laisser passer comme l'eau d'une rivière, sans essayer de les supprimer ou de les changer.	0	1	2	3	4	0	1	2	3	4
34.	Autres :	0	1	2	3	4	0	1	2	3	4

	Pour modifier, atténuer ou encore reporter mon vécu affectif <u>négatif</u> (mes émotions ou mes humeurs désagréables ; lorsque je vais mal ou que je suis contrarié(e), stressé(e))…	J'essaie de faire ceci…					Si je fais ceci c'est…				
H.	**Auto-verbalisations positives.**	Pas du tout	Rarement	Parfois	Assez souvent	Fréquemment / régulièrement	Pas du tout efficace	Peu efficace	Moyennement efficace	Assez efficace	Très efficace
35.	Me parler de manière encourageante. Ex. : « Tu vas y arriver », « courage », …	0	1	2	3	4	0	1	2	3	4
36.	Me rappeler de ce que j'ai déjà pu faire **dans ce type de situations** et me le répéter.	0	1	2	3	4	0	1	2	3	4
37.	Me rappeler de phrases, de verbalisations aidantes. Ex. : « L'autre fois je me suis dit … et j'y suis arrivé(e) », ou me rappeler d'un compliment que j'ai reçu.	0	1	2	3	4	0	1	2	3	4
38.	Me redire ce que j'ai déjà pu vivre ou surmonter dans ma vie.	0	1	2	3	4	0	1	2	3	4
39.	Autres :	0	1	2	3	4	0	1	2	3	4
I.	**Utilisation du support social.** *i.e., parler à d'autres personnes* Ex. : Je me suis disputé(e) avec mon / ma partenaire.	Pas du tout	Rarement	Parfois	Assez souvent	Fréquemment / régulièrement	Pas du tout efficace	Peu efficace	Moyennement efficace	Assez efficace	Très efficace
40.	M'adresser à quelqu'un qui m'est proche pour qu'il **m'aide**. Ex. : Je demande à son / sa meilleur / e amie / e de lui parler en ma faveur.	0	1	2	3	4	0	1	2	3	4
41.	**Me diriger vers autrui** pour lui faire part de la situation et de mon vécu. Ex. : Je me dirige vers un / e ami / e pour lui raconter pourquoi nous nous sommes disputés et ce que j'ai dit.	0	1	2	3	4	0	1	2	3	4
42.	Parler avec quelqu'un de ce que je vis (l'exprimer verbalement, mettre des mots sur mon vécu). Ex. : Je dis à un / e ami / e ce que je ressens, à quel point je regrette ce que j'ai dit.	0	1	2	3	4	0	1	2	3	4
43.	Partager avec quelqu'un d'autre ce qui m'arrive pour **connaître son avis, et obtenir son conseil**. Ex. : Je demande à un / e ami / e ce qu'il / elle ferait à ma place.	0	1	2	3	4	0	1	2	3	4
44.	Autres :	0	1	2	3	4	0	1	2	3	4

	Pour modifier, atténuer ou encore reporter mon vécu affectif <u>négatif</u> (mes émotions ou mes humeurs désagréables ; lorsque je vais mal ou que je suis contrarié(e), stressé(e))…	J'essaie de faire ceci…					Si je fais ceci c'est…				
		Pas du tout	Rarement	Parfois	Assez souvent	Fréquemment / régulièrement	Pas du tout efficace	Peu efficace	Moyennement efficace	Assez efficace	Très efficace
J.	**Utilisation de substances / prises d'aliments et de boissons.**										
45.	Consommer une boisson alcoolisée.	0	1	2	3	4	0	1	2	3	4
46.	Fumer une cigarette.	0	1	2	3	4	0	1	2	3	4
47.	Prendre un calmant (un comprimé, des gouttes), un médicament ou un remède psycho-actif (autre que l'alcool, tabac, médicament). Ex. : Fumer un joint.	0	1	2	3	4	0	1	2	3	4
48.	Manger quelque chose de sucré ou de salé, d'épicé / piquant.	0	1	2	3	4	0	1	2	3	4
49.	Boire un café, un thé, une tisane, quelque chose de chaud.	0	1	2	3	4	0	1	2	3	4
50.	Autres :	0	1	2	3	4	0	1	2	3	4
K.	**Techniques de détente (physique / psychique) spécifiques et ciblées.**	Pas du tout	Rarement	Parfois	Assez souvent	Fréquemment / régulièrement	Pas du tout efficace	Peu efficace	Moyennement efficace	Assez efficace	Très efficace
51.	Pratiquer la relaxation abdominale. Ex. : Respirer calmement en centrant son attention sur les mouvements de son ventre.	0	1	2	3	4	0	1	2	3	4
52.	Pratiquer la relaxation musculaire ou appliquée (ou d'autres formes). Ex. : En contractant puis décontractant certaines parties du corps pendant quelques secondes.	0	1	2	3	4	0	1	2	3	4
53.	Pratiquer la relaxation autogène. Ex. : Détendre certaines parties du corps en se concentrant sur les sensations de lourdeur, chaleur, fraîcheur,…).	0	1	2	3	4	0	1	2	3	4
54.	Pratiquer la méditation.	0	1	2	3	4	0	1	2	3	4
55.	Autres :	0	1	2	3	4	0	1	2	3	4

	Pour modifier, atténuer ou encore reporter mon vécu affectif <u>négatif</u> (mes émotions ou mes humeurs désagréables ; lorsque je vais mal ou que je suis contrarié(e), stressé(e))…	J'essaie de faire ceci…						Si je fais ceci c'est…				
L.	**Activités motrices / activation physiques** (mouvements et efforts physiques, tels que se lever, sortir, faire les 100 pas, s'étendre, changer de position, etc.). *i.e., faire quelque chose, s'activer, bouger pour se changer les idées*	Pas du tout	Rarement	Parfois	Assez souvent	Fréquemment / régulièrement		Pas du tout efficace	Peu efficace	Moyennement efficace	Assez efficace	Très efficace
56.	M'activer physiquement, bouger, faire quelques pas.	0	1	2	3	4		0	1	2	3	4
57.	Réaliser un travail demandant un effort (jardin, cuisine, rangement).	0	1	2	3	4		0	1	2	3	4
58.	Changer mon activité (en cours) pour faire / vivre autre chose.	0	1	2	3	4		0	1	2	3	4
59.	Changer de position, m'étirer ou me lever et bouger.	0	1	2	3	4		0	1	2	3	4
60.	Autres :	0	1	2	3	4		0	1	2	3	4
M.	**Rechercher des informations supplémentaires, diriger l'attention afin de mieux connaître ou bien me représenter la <u>situation</u> et <u>mon vécu</u>** (en réfléchissant, en questionnant quelqu'un, en faisant des recherches personnelles, etc.). Ex. : Mon / ma partenaire me dit qu'il / elle m'a trouvé(e) très pénible ces derniers temps sans vraiment m'expliquer ce qu'il / elle me reproche.	Pas du tout	Rarement	Parfois	Assez souvent	Fréquemment / régulièrement		Pas du tout efficace	Peu efficace	Moyennement efficace	Assez efficace	Très efficace
61.	Chercher des informations pour mieux (bien) **connaître la situation**. Ex. : Je lui demande ce qui l'a dérangé(e) dans mon comportement.	0	1	2	3	4		0	1	2	3	4
62.	Chercher des informations pour mieux (bien) connaître les **possibilités d'agir ou d'être**. Ex. : Je lui demande ce qu'il / elle aimerait que je change.	0	1	2	3	4		0	1	2	3	4
63.	Clarifier / comprendre les événements ou ce qui a influencé mon vécu. Ex. : Je me rends compte que j'étais très fatigué(e) et stressé(e) ces derniers temps et que je lui ai peu prêté attention.	0	1	2	3	4		0	1	2	3	4
64.	Clarifier / comprendre comment faire face à la situation / aux événements. Ex. : Je réfléchis comment je pourrais réagir, ce que je pourrais faire afin de gérer ce conflit.	0	1	2	3	4		0	1	2	3	4
65.	Autres :	0	1	2	3	4		0	1	2	3	4

Dimensions de l'Ouverture émotionnelle – Inventaire de techniques de régulation (DOE – IT) (Reicherts & Haymoz, 2011)   AFFECT POSITIF

L'inventaire ci-dessous regroupe différentes <u>stratégies qui peuvent aider à modifier</u> (atténuer, augmenter ou maintenir) des émotions et des états affectifs.

Nous vous demandons de réfléchir à des situations qui ont généré un **vécu affectif positif** (ex : de la joie, du plaisir, de l'enthousiasme, etc.). Veuillez remplir l'inventaire par rapport à ces situations en vous prononçant d'une part, sur le degré de <u>votre utilisation de telles stratégies dans l'immédiat et à plus long terme</u> et d'autre part, sur leur <u>degré d'efficacité</u> (lorsqu'elles sont appliquées ou si ce n'est pas le cas, en imaginant / estimant leur efficacité si vous les utiliseriez).

	Pour modifier, intensifier ou maintenir mon vécu affectif <u>positif</u> (mes émotions ou mes humeurs agréables)…	J'essaie de faire ceci…					Si je fais ceci c'est…				
		Pas du tout	Rarement	Parfois	Assez souvent	Fréquemment / régulièrement	Pas du tout efficace	Peu efficace	Moyennement efficace	Assez efficace	Très efficace
A.	**Agir activement sur la situation en l'influençant ou en influençant certains éléments / aspects de la situation.** Ex. : J'ai rendez-vous pour souper avec une personne que j'apprécie beaucoup. J'en suis ravi(e) d'autant plus qu'elle souhaite m'annoncer une bonne nouvelle.										
1.	Influencer sur le moment la situation pour la rendre (encore) plus agréable ou acceptable. Ex. : Je lui propose de se rencontrer dans un restaurant qui se prête bien à notre rencontre et que j'apprécie tout particulièrement.	0	1	2	3	4	0	1	2	3	4
2.	Influencer sur le moment certains éléments de la situation pour la rendre (encore) plus agréable ou acceptable. Ex. : Je choisis une table qui facilite une discussion agréable (à l'écart, au calme).	0	1	2	3	4	0	1	2	3	4
3.	Agir de manière anticipée pour mieux gérer les conséquences éventuelles. Ex. : J'ai organisé le rendez-vous le samedi soir afin que nous ayons tout le temps souhaité sans avoir à penser à se lever le lendemain.	0	1	2	3	4	0	1	2	3	4
4.	Influencer de manière anticipée la situation pour mieux la gérer. Ex. : J'ai téléphoné au restaurant afin que la table nous soit réservée.	0	1	2	3	4	0	1	2	3	4
5.	Autres :	0	1	2	3	4	0	1	2	3	4

	Pour modifier, intensifier ou maintenir mon vécu affectif <u>positif</u> (mes émotions ou mes humeurs agréables)…	J'essaie de faire ceci…						Si je fais ceci c'est…				
		Pas du tout	Rarement	Parfois	Assez souvent	Fréquemment / régulièrement		Pas du tout efficace	Peu efficace	Moyennement efficace	Assez efficace	Très efficace
B.	**Changer mes intentions initiales, mes buts pour mettre le vécu positif (encore) plus en exergue.** Ex. : Je souhaitais travailler dans ma ville d'origine. Cependant, une place qui me tenait particulièrement à coeur s'est offerte à moi dans une ville voisine. Cela représente une grande opportunité pour moi et me ravit.											
6.	Changer mes plans pour les adapter à la situation / à mon vécu. Ex. : J'avais commencé à chercher un appartement dans ma ville d'origine et je commence alors à le chercher dans la ville voisine dans le but de maintenir / augmenter ma joie à l'idée de ce nouveau poste.	0	1	2	3	4		0	1	2	3	4
7.	Développer d'autres buts, d'autres objectifs. Ex. : Je décide de laisser tomber ma première idée, qui était d'habiter dans ma ville d'origine et décide de faire autrement.	0	1	2	3	4		0	1	2	3	4
8.	Revoir les buts / objectifs que je suis en train de poursuivre. Ex.: Je pense aux nouveaux objectifs qui m'habitent.	0	1	2	3	4		0	1	2	3	4
9.	Autres :	0	1	2	3	4		0	1	2	3	4
C.	**Adapter mes buts pour accepter la situation pour mettre le vécu positif (encore) plus en exergue.** Ex. : Je me sens tout en confiance étant donné que j'ai décroché le poste que j'espérais.											
10.	Remarquer un changement dans ma motivation. Ex. : Je remarque / reconnais que cette nouvelle augmente ma motivation.	0	1	2	3	4		0	1	2	3	4
11.	Accepter la situation et être en paix avec elle. Ex. : J'accepte cette nouvelle opportunité telle qu'elle s'est présentée à moi.	0	1	2	3	4		0	1	2	3	4
12.	Faire avec la situation et ce qu'elle signifie. Ex. : J'accepte le fait d'avoir décroché le poste en question et que je vais y travailler.	0	1	2	3	4		0	1	2	3	4
13.	Autres :	0	1	2	3	4		0	1	2	3	4

	Pour modifier, intensifier ou maintenir mon vécu affectif <u>positif</u> (mes émotions ou mes humeurs agréables)…	J'essaie de faire ceci…					Si je fais ceci c'est…				
D.	**Réévaluer / recadrer la situation pour mettre le vécu positif (encore) plus en exergue (en comparant la situation avec d'autres situations déjà vécues ou vécues par d'autres personnes - ou en la voyant différemment).** Ex. : J'ai déposé mon dossier de candidature dans le but d'entreprendre une formation qui m'intéresse tout particulièrement. Mon dossier a été retenu et je suis donc ravi(e) de savoir que je peux commencer la dite formation.	Pas du tout	Rarement	Parfois	Assez souvent	Fréquemment / régulièrement	Pas du tout efficace	Peu efficace	Moyennement efficace	Assez efficace	Très efficace
14.	Voir la situation sous un autre jour (un autre angle). Ex. : J'aurais pu ne pas être retenu(e) pour cette formation. Le fait de penser ainsi maintient / augmente encore mon enthousiasme.	0	1	2	3	4	0	1	2	3	4
15.	Voir le côté positif ou intéressant de la situation. Ex. : Je vais apprendre un grand nombre d'éléments particulièrement importants et intéressants.	0	1	2	3	4	0	1	2	3	4
16.	Voir ce que je pourrais apprendre de cette situation. Ex. : Je vais apprendre également à me connaître en tant qu'étudiant(e).	0	1	2	3	4	0	1	2	3	4
17.	Me rendre compte de ce que la situation m'apporte de nouveau. Ex. : Je vais découvrir un nouveau rôle, à savoir celui d'étudiant(e).	0	1	2	3	4	0	1	2	3	4
18.	Autres :	0	1	2	3	4	0	1	2	3	4
E.	**Se relaxer et se détendre (sans technique particulière).** Ex. : Je me relaxe / détends pour me sentir bien ou encore mieux.	Pas du tout	Rarement	Parfois	Assez souvent	Fréquemment / régulièrement	Pas du tout efficace	Peu efficace	Moyennement efficace	Assez efficace	Très efficace
19.	Respirer calmement et profondément, plusieurs fois.	0	1	2	3	4	0	1	2	3	4
20.	Me mettre dans une position corporelle plus confortable ou agréable (par ex. : assis, allongé).	0	1	2	3	4	0	1	2	3	4
21.	Écouter une musique qui répond à mon état affectif. Ex. : Écouter une musique qui coïncide avec mon état de bien-être dans le but de le maintenir ou de l'augmenter davantage.	0	1	2	3	4	0	1	2	3	4
22.	Laisser agir les différentes sensations, impressions ou bruits / sons sur moi, sans les diriger. Ex. : Écouter les bruits, ressentir le vent sur mon visage et prêter attention à ce que cela fait en moi.	0	1	2	3	4	0	1	2	3	4
23.	Laisser passer toutes les impressions et sensations telles qu'elles sont. Ex. : Prendre conscience de mon ressenti présent, émotions, sensation corporelles, … et de les laisser passer comme l'eau d'une rivière, sans essayer de les changer.	0	1	2	3	4	0	1	2	3	4
24.	Autres :	0	1	2	3	4	0	1	2	3	4

	Pour modifier, intensifier ou maintenir mon vécu affectif <u>positif</u> (mes émotions ou mes humeurs agréables)…	J'essaie de faire ceci…					Si je fais ceci c'est…				
		Pas du tout	Rarement	Parfois	Assez souvent	Fréquemment / régulièrement	Pas du tout efficace	Peu efficace	Moyennement efficace	Assez efficace	Très efficace
F.	**Auto-verbalisations positives.** Ex. : Je viens de terminer une présentation pour laquelle j'ai reçu des remarques très positives.										
25.	Me parler de manière encourageante. Ex. : « J'ai bien travaillé et je suis content(e) de moi.»	0	1	2	3	4	0	1	2	3	4
26.	Me rappeler de ce que j'ai déjà pu faire dans ce type de situations et me le répéter. Ex. : « Les autres fois, j'étais également ravi(e) après ce type de présentation et je m'en étais félicité ».	0	1	2	3	4	0	1	2	3	4
27.	Me rappeler de phrases, de verbalisations aidantes. Ex. : L'autre fois je me suis dit… et j'y suis arrivé(e), ou me rappeler d'un compliment que j'ai reçu à propos d'une précédente présentation.	0	1	2	3	4	0	1	2	3	4
28.	Me redire ce que j'ai déjà pu vivre ou surmonter. Ex. : « J'ai déjà mené à bien un grand nombre de présentations et affronté différents publics ».	0	1	2	3	4	0	1	2	3	4
29.	Autres :	0	1	2	3	4	0	1	2	3	4
G.	**Utilisation du support social.** Ex. : J'ai passé d'excellentes fêtes de fin d'année dans la famille de mon / ma partenaire.										
30.	M'adresser à quelqu'un qui m'est proche pour qu'il m'aide / contribue à vivre positivement la situation. Ex. : Je demande à mon / ma partenaire ce qu'il en pense et s'il / elle voit aussi positivement cet événement.	0	1	2	3	4	0	1	2	3	4
31.	Me diriger vers autrui pour lui faire part de la situation et de mon vécu. Ex. : Je vais vers un / une ami(e) afin de lui faire part de mon enchantement vécu grâce à ces fêtes de fin d'année.	0	1	2	3	4	0	1	2	3	4
32.	Parler avec quelqu'un de ce que je vis. Ex. : Je fais part de mon enchantement à un / une ami(e).	0	1	2	3	4	0	1	2	3	4
33.	Partager avec quelqu'un d'autre ce qui m'arrive pour connaître son avis, obtenir son conseil / la validation de ce que j'ai vécu. Ex. : Je partage avec un / une ami(e) ce que j'ai vécu pour qu'il / elle reconnaisse / valide mon vécu.	0	1	2	3	4	0	1	2	3	4
34.	Autres :	0	1	2	3	4	0	1	2	3	4

	Pour modifier, intensifier ou maintenir mon vécu affectif <u>positif</u> (mes émotions ou mes humeurs agréables)…	J'essaie de faire ceci…					Si je fais ceci c'est…				
		Pas du tout	Rarement	Parfois	Assez souvent	Fréquemment / régulièrement	Pas du tout efficace	Peu efficace	Moyennement efficace	Assez efficace	Très efficace
H.	**Utilisation de substances / prises d'aliments et de boissons.** Ex. : Je prends quelque chose pour me sentir bien ou encore mieux.										
35.	Consommer une boisson alcoolisée pour me sentir bien ou encore mieux.	0	1	2	3	4	0	1	2	3	4
36.	Fumer une cigarette pour me sentir bien ou encore mieux.	0	1	2	3	4	0	1	2	3	4
37.	Prendre un calmant (un comprimé, des gouttes), un médicament ou un remède psycho-actif (autre que l'alcool, tabac, médicament ; ex. fumer un joint) pour me sentir bien ou encore mieux.	0	1	2	3	4	0	1	2	3	4
38.	Manger quelque chose de sucré ou de salé, d'épicé / piquant pour me sentir bien ou encore mieux.	0	1	2	3	4	0	1	2	3	4
39.	Boire un café, un thé, une tisane, quelque chose de chaud pour me sentir bien ou encore mieux.	0	1	2	3	4	0	1	2	3	4
40.	Autres :	0	1	2	3	4	0	1	2	3	4
I.	**Techniques de détente (physique / psychique) spécifiques et ciblées.** Ex. : Je pratique une technique de détente pour me sentir bien ou encore mieux.	Pas du tout	Rarement	Parfois	Assez souvent	Fréquemment / régulièrement	Pas du tout efficace	Peu efficace	Moyennement efficace	Assez efficace	Très efficace
41.	Pratiquer la relaxation abdominale. Ex. : Je respire calmement en centrant mon attention sur les mouvements de mon ventre pour me sentir bien ou encore mieux / renforcer mon état de bien-être.	0	1	2	3	4	0	1	2	3	4
42.	Pratiquer la relaxation musculaire ou appliquée (ou d'autres formes). Ex. : Je contracte puis décontracte certains groupes musculaires pour me sentir bien ou encore mieux / renforcer mon état de bien-être..	0	1	2	3	4	0	1	2	3	4
43.	Pratiquer la relaxation autogène. Ex. : Je détends certaines parties de mon corps en me concentrant sur les sensations de lourdeurs, de chaleur, de fraîcheur, etc. pour me sentir bien ou encore mieux / renforcer mon état de bien-être.	0	1	2	3	4	0	1	2	3	4
44.	Pratiquer la méditation Ex. Je fais de la méditation pour me sentir bien ou encore mieux / renforcer mon état de bien-être.	0	1	2	3	4	0	1	2	3	4
45.	Autres :	0	1	2	3	4	0	1	2	3	4

	Pour modifier, intensifier ou maintenir mon vécu affectif <u>positif</u> (mes émotions ou mes humeurs agréables)…	J'essaie de faire ceci…					Si je fais ceci c'est…				
		Pas du tout	Rarement	Parfois	Assez souvent	Fréquemment / régulièrement	Pas du tout efficace	Peu efficace	Moyennement efficace	Assez efficace	Très efficace
J.	**Activités / activation physiques (mouvements et efforts physiques, tels que se lever, sortir, faire les 100 pas, s'étendre, changer de position, etc.).** Ex. : Je pratique une activité physique pour me sentir bien ou encore mieux.										
46.	M'activer physiquement, bouger, faire quelques pas Ex. : Je m'active physiquement pour me sentir bien ou encore mieux / renforcer mon état de bien-être. Je fais une petite « danse » de joie.	0	1	2	3	4	0	1	2	3	4
47.	Réaliser un travail demandant un effort (jardin, cuisine, rangement). Ex. : Je jardine pour me sentir bien ou encore mieux / renforcer mon état de bien-être.	0	1	2	3	4	0	1	2	3	4
48.	Changer mon activité (en cours) pour faire / vivre autre chose. Ex. : Je fais autre chose pour me sentir bien ou encore mieux / renforcer mon état de bien-être.	0	1	2	3	4	0	1	2	3	4
49.	Changer de position, m'étirer ou me lever et bouger Ex. : Je change de position pour me sentir bien ou encore mieux / renforcer mon état de bien-être.	0	1	2	3	4	0	1	2	3	4
50.	Autres :	0	1	2	3	4	0	1	2	3	4
K.	**Rechercher des informations supplémentaires, diriger l'attention afin de (encore) mieux connaître ou bien me représenter la situation et mon vécu (en réfléchissant, en questionnant quelqu'un, en faisant des recherches, etc.).** Ex. : J'ai reçu des remarques très positives de mon supérieur concernant un travail que je lui ai rendu. Je suis très touché(e).										
51.	Chercher des informations pour mieux (bien) connaître la situation. Ex. : Je lui demande ce qu'il a trouvé spécialement bien dans mon travail.	0	1	2	3	4	0	1	2	3	4
52.	Chercher des informations pour mieux (bien) connaître les possibilités d'agir ou d'être. Ex. : Je lui demande ce qu'il apprécie tout particulièrement dans le but de pouvoir en tenir compte pour les travaux à venir.	0	1	2	3	4	0	1	2	3	4
53.	Clarifier / comprendre les événements ou ce qui a influencé mon vécu. Ex. : Je pense encore à la situation / la retrace pour mieux comprendre et « savourer » ses aspects positifs. Je me rends compte que j'ai été très touché(e) par sa remarque étant donné que j'avais bien besoin d'entendre un compliment à ce moment.	0	1	2	3	4	0	1	2	3	4
54.	Clarifier / comprendre comment faire face à la situation / aux événements. Ex. : Je réfléchis à la manière de profiter au mieux du moment.	0	1	2	3	4	0	1	2	3	4
55.	Autres :	0	1	2	3	4	0	1	2	3	4

DOE-IT Item-key et dépouillement

Le dépouillement et l'analyse des réponses dans le questionnaire DOE-IT sont effectués par les étapes suivantes :

(1) Dépouillement des réponses dans les situations **d'affect / vécu négatif** :

Additionner les chiffres du registre concerné, par ex. A « Agir activement sur la situation, en influençant… » (items 1 à 4) (par ex., somme = 10) et diviser par le nombre d'items (ici 4) pour obtenir la moyenne concernant ce registre (par ex., 2.50).

A « Agir activement sur la situation, en influençant… » (1 à 4)   _____ / 4 = _____

B « Agir sur la situation, en l'évitant… » (6 à 9)   _____ / 4 = _____

C « Supprimer des informations… » (11 à 14)   _____ / 4 = _____

D « Changer mes intentions initiales… » (16 à 18)   _____ / 3 = _____

E « Adapter mes buts pour accepter… » (20 à 22)   _____ / 3 = _____

F « Réévaluer / recadrer… » (24 à 27)   _____ / 4 = _____

G/K « Se relaxer / détendre corporellement… » (29, 30, 51, 52)   _____ / 4 = _____

H « Auto-verbalisations positives » (35 à 38)   _____ / 4 = _____

I « Utilisation du support social… » (40 à 43)   _____ / 4 = _____

J « Utilisation de substances… » (45 à 49)   _____ / 5 = _____

K/G « Se relaxer / détendre mentalement… » (31 à 33, 53, 54)   _____ / 5 = _____

L « Activités motrices – activation physique… » (56 à 59)   _____ / 4 = _____

M « Recherche d'informations… » (61 à 64)   _____ / 4 = _____

Le calcul est effectué séparément pour la « fréquence d'utilisation » (première colonne du questionnaire) et pour l' « efficacité perçue » (deuxième colonne). Voir aussi l'exemple de cas individuel présenté dans l'annexe A24.

(2) Dépouillement des réponses dans les situations **d'affect / vécu positif** :

Procédez de la même manière pour les registres :

A « Agir activement sur la situation, en influençant… » (1 à 4) ____ / 4 = ____

B « Changer mes intentions initiales… » (6 à 8) ____ / 3 = ____

C « Adapter mes buts pour accepter… » (10 à 12) ____ / 3 = ____

D « Réévaluer / recadrer… » (14 à 17) ____ / 4 = ____

E/I « Se relaxer / se détendre corporellement… » (19, 20, 41, 42) ____ / 4 = ____

F « Auto-verbalisations positives » (25 à 28) ____ / 4 = ____

G « Utilisation du support social… » (30 à 33) ____ / 4 = ____

H « Utilisation de substances… » (35 à 39) ____ / 5 = ____

I/E « Se relaxer et se détendre mentalement… » (21 à 23, 43, 44) ____ / 5 = ____

J « Activités motrices – activation physique… » (46 à 49) ____ / 4 = ____

K « Recherche d'informations… » (51 à 54) ____ / 4 = ____

Evaluation et interprétation

Les valeurs obtenues par registre peuvent ensuite être comparées aux valeurs de référence (moyenne et écart-type). Les principes d'évaluation psychométrique prévoient trois catégories :

(1) Une *« tendance moyenne »* dans le registre concerné si le score de la personne (la moyenne calculée, voir ci-dessus) se situe autour de la moyenne arithmétique, à savoir entre un écart-type supérieur et un écart-type inférieur à la moyenne.

(2) Une *« tendance élevée »* dans le registre concerné si le score dépasse la moyenne de plus d'un écart-type.

(3) Une *« tendance réduite »* si le score est inférieur à la moyenne de plus d'un écart-type.

Au-delà de cette évaluation directe, l'interprétation est à faire avec prudence. Elle vise davantage à mettre en évidence le profil individuel, avec ses hauts et ses bas, voire ses forces et faiblesses.

Dans le DOE-IT, les réponses « Autres » servent à donner des réponses individuelles et spécifiques qui ne figurent pas dans l'inventaire ; ceci dans le but de « personnaliser » et de compléter le spectre de réponses. Afin que les scores restent comparables avec les valeurs de référence, ces réponses ne sont pas inclues dans le calcul des scores. En outre, les réponses peuvent être utilisées pour dresser le bilan individuel au début du travail sur la régulation des émotions – et pour mettre en évidence les éventuelles « innovations » (ou acquis) personnelles lors d'une passation ultérieure, par ex. à la fin du programme d'intervention.

Régulation du vécu affectif négatif - valeurs de référence : moyennes (écart-types) (N=141, 64% de femmes, âge moyen 38.9 ans)

Registres de régulation	Fréquence d'utilisation	Efficacité perçue
A Agir sur la situation en l'influençant	2.64 (± 0.71)	2.58 (± 1.74)
B Agir sur la situation en l'évitant	1.58 (± 0.76)	1.62 (± 0.88)
C Supprimer des informations	1.99 (± 0.80)	1.89 (± 0.85)
D Changer les intentions initiales, buts	2.50 (± 0.71)	2.62 (± 0.68)
E Accepter la situation	2.55 (± 0.63)	2.52 (± 0.76)
F Réévaluer / recadrer la situation	2.94 (± 0.64)	3.00 (± 0.65)
G/K Se relaxer et se détendre corporellement	1.70 (± 0.86)	2.38 (± 0.98)
H Autoverbalisations positives	2.60 (± 0.89)	2.64 (± 0.85)
I Utilisation du support social	2.56 (± 0.93)	2.85 (± 0.79)
J Utilisation de substances	1.29 (± 0.75)	1.50 (± 0.95)
K/G Se relaxer et se détendre mentalement	1.63 (± 0.70)	2.19 (± 0.79)
L Activités motrices / activation physique	2.40 (± 0.78)	2.66 (± 0.77)
M Recherche d'informations / diriger l'attention	2.96 (± 0.63)	2.93 (± 0.66)

Régulation du vécu affectiv positif - valeurs de référence : moyennes (écart-types) (N=141, 64% de femmes, âge moyen 38.9 ans)

Registres de régulation	Fréquence d'utilisation	Efficacité perçue
A Agir sur la situation en l'influençant	2.06 (± 1.00)	2.47 (± 0.86)
B Changer les intentions initiales, buts	2.32 (± 0.86)	2.70 (± 0.76)
C Accepter la situation	2.78 (± 0.85)	2.91 (± 0.81)
D Réévaluer / recadrer la situation	2.80 (± 0.74)	3.04 (± 0.70)
E/I Se relaxer et se détendre corporellement	1.37 (± 0.91)	2.30 (± 1.01)
F Autoverbalisations positives	2.09 (± 1.00)	2.50 (± 0.95)
G Utilisation du support social	2.42 (± 0.90)	2.77 (± 0.84)
H Utilisation de substances	1.22 (± 0.69)	1.70 (± 1.02)
I/E Se relaxer et se détendre mentalement	1.77 (± 0.69)	2.50 (± 0.78)
J Activités / activation physique	2.19 (± 0.92)	2.52 (± 0.88)
K Recherche d'informations / diriger l'attention	2.12 (± 1.01)	2.46 (± 0.96)

Bibliographie (Annexes)

Barlow, D. H. & Durand, V. M. (2007). *Psychopathologie : une perspective multidimensionnelle*. Bruxelles : DeBoeck Université.

Baumeister, R. F., Zell, A. L. & Tice, D. M. (2007). How emotions facilitate and impair self-regulation. In J. J. Gross (Ed.), *Handbook of emotion regulation* (pp. 408-426). New York, London : The Guilford Press.

Bear, M. F., Connors, B. W & Paradiso, M. A. (2007). *Neuroscience : exploring the brain* (3rd ed.). Baltimore : Lippincott, Williams & Wilkins.

Belzung, C. (2007). *Biologie des émotions*. Bruxelles : De Boeck Université.

Berntson, G. C., Cacioppo, J. T. & Sarter, M. (2003). Bottom-up : implications for neurobehavioral models of anxiety and autonomic regulation. In R. J. Davidson, K. R. Scherer & H. H. Goldsmith (Eds.), *Handbook of affective sciences* (1105-116). Oxford : Oxford University Press.

Cacioppo, J. T., Tassinary, L. G. & Bernston, G. G. (2000). *Handbook of psychophysiology* (2nd ed.). New York : Cambridge University Press.

Dalgleish, T. (2003). Information processing approaches to emotion. In R. J. Davidson, K. R. Scherer & H. H. Goldsmith, (Eds.), *Handbook of affective sciences* (pp. 661-676). Oxford : Oxford University Press.

Davidson, R. J., Pizzagalli, D., Nitschke, J. B. & Kalin, N. H. (2003). Parsing the subcomponents of emotions and disorder of emotion : Perspectives from affective neuroscience. In R. J. Davidson, K. R. Scherer & H. H. Goldsmith. (Eds.), *Handbook of affective sciences* (pp. 8-24). Oxford : Oxford University Press.

Davidson, R. J., Scherer, K. R. & Goldsmith, H. H. (2003). Introduction : Neuroscience. In R. J. Davidson, K. R. Scherer & H. H. Goldsmith. (Eds.), *Handbook of affective sciences* (pp. 3-7). Oxford : Oxford University Press.

Ekman, P. (1992). Are There Basic Emotions ? *Psychology Review, 99*(3), 550-553.

Frijda, N. H. (1986). *The emotions*. Cambridge : Cambridge University Press.

Jacobson, E. (1938). *Progressive relaxation*. Chicago : Chicago University Press.

Hamm, A. O., Schupp, H. T. & Weike, A. I. (2003). Motivational organization of emotions : Autonomic changes, cortical responses, and reflex modulation. In R. J. Davidson, K. R. Scherer & H. H. Goldsmith (Eds.), *Handbook of affective sciences* (pp. 187-211). Oxford : Oxford University Press.

Haymoz, S. (2014). *Développement d'un programme d'intervention basé sur le modèle de l'Ouverture Emotionnelle et évaluation de son impact sur le traitement affectif*. Thèse de doctorat. Fribourg / Suisse : Université de Fribourg (publiée sur www.ethesis.unifr.ch).

Humrichouse, J., Chmielewski, M., McDade-Montez, E. & Watson, D. (2007). Affect assessment through self-report methods. In J. Rottenberg & S. L. Johnson. *Emotion and psychopathology : Bridging affective and clinical science*. Washington, DC : American Psychological Association.

Izard, C. E. (1971). *The face of emotion*. New York : Appleton-Century-Crofts.

Ledoux, J. E. (1994). Cognitive-emotional interactions in the brain. In P. Ekman & R. J. Davison (Eds.), *The nature of emotion : Fundamental questions* (pp. 216-223). Oxford : Oxford University Press.

Linehan M. M. (2000). Manuel d'*entraînement aux compétences pour traiter le trouble de personnalité état-limite*. Genève : Editions Médecine & Hygiène.

Loewenstein, G. & Lerner, J. S. (2003). The role of affect in decision making. In R. J. Davidson, K. R. Scherer & H. H. Goldsmith (Eds.), *Handbook of affective sciences* (pp. 619-642). Oxford : Oxford University Press.

Lotstra, F. (2002). Le cerveau émotionnel ou la neuroanatomie des émotions. *Cahiers critiques de thérapie familiale et de pratiques de réseaux, 29,* 73-86. Bruxelles : DeBoeck Université.

McEwen, B. S. & Seeman, T. (2003). Stress and affect : applicability of the concepts of allostasis and allostatic load. In R. J. Davidson, K. R. Scherer & H. H. Goldsmith. (Eds.), *Handbook of affective sciences* (pp. 1117-1138). Oxford : Oxford University Press.

McGaugh, J. L. & Cahill, L. (2003), Emotion and memory : Central and peripheral contributions. In R. J. Davidson, K. R. Scherer & H. H. Goldsmith (Eds.), *Handbook of affective sciences* (pp. 93- 116). Oxford : Oxford University Press.

Mikolajczak, M., Quidbach, J., Kotsou, I. & Nélis, D. (2009). *Les compétences émotionnelles*. Paris : Dunod.

Nevid, J., Rathus, S. & Greene, B. (2009). *Psychopathologie* (7ème éd.). Pearson Education : Prentice Hall.

Öhman, A. & Rück, C. (2007). Four principles of fear and their implications for phobias. In J. Rottenberg & S. L. Johnson (Eds.), *Emotion and psychopathology : Bridging affective and clinical science* (pp. 167-189). Washington DC : American Psychological Association.

Öhman, A. & Wiens S. (2003). On the automaticity of autonomic responses in emotion : an evolutionary perspective. In R. J. Davidson, K. R. Scherer & H. H. Goldsmith (Eds.), *Handbook of affective sciences* (pp. 256-275). Oxford : Oxford University Press.

Pauls, H. & Reicherts, M. (2012). *Zielorientierung und Zielerreichungsanalyse in der psycho-sozialen Fallarbeit. Eine Arbeitshilfe für Beratung, Soziale Arbeit, Sozio- und Psychotherapie* (2. durchges. Aufl.). Schriftenreihe zur psychosozialen Gesundheit. Coburg : ZKS-Verlag.

Philippot, P. (2007). *Emotion et psychothérapie : émotion, intervention, santé*. Wavre : Mardaga.

Pichon, S. & Vuilleumier, P. (2011). Neuroimaging and neuroscience of emotional processes. *Medicine Sciences, 27*(8-9), 763-770.

Pull, M.-C. (2007). Thérapie de groupe et gestion des émotions. In J. Cottraux, *Thérapie cognitive et émotions* (pp. 97-136). Paris : Elsevier Masson.

Pull, M.-C. (2014). Thérapie de groupe et gestion des émotions. In J. Cottraux, *Thérapie cognitive et émotions. La troisième vague* (3e éd.) (pp. 97-136). Paris : Elsevier Masson.

Rauch, S. L. (2003). Neuroimaging and the neurobiology of anxiety disorders. In R. J. Davidson, K. R. Scherer & H. H. Goldsmith (Eds.), *Handbook of Affective Sciences* (pp. 963-975). Oxford : Oxford University Press.

Reicherts, M. (2007). *Dimensions of Openness to Emotions (DOE). A model of affect processing. Manual* (Scientific Report No 168). Fribourg : Université de Fribourg, Département de Psychologie.

Reicherts, M. (2009). Erleben und Verarbeiten von Emotionen im Alltag. Ambulantes Assessment mit dem computergestützten „Learning Affect Monitor". Conférence au 9ème „Kongress Gesundheitspsychologie", 26.-28.8., Zürich.

Reicherts, M. (2015). *L'entretien psychologique et le counselling. De l'approche centrée sur la personne aux interventions ciblées* (2ème éd.). Coburg : Edition ZKS.

Reicherts, M. & Genoud, P. A. (2012). Les instruments « DOE ». Développement, modélisation et caractéristiques psychométriques. In M. Reicherts, Ph.A. Genoud & G. Zimmermann (éds.*), L'Ouverture émotionnelle. Une nouvelle approche du vécu et du traitement émotionnels* (pp. 43-56). Bruxelles : Mardaga.

Reicherts, M. & Haymoz, S. (2011). *Inventaire des techniques de régulation des émotions (DOE-IT)*. Fribourg / Suisse : Université de Fribourg, Département de Psychologie.

Reicherts, M. & Pauls, H. (en prép.). L'analyse des buts à atteindre – une méthode pour l'analyse de cas singulier. In M. Reicherts & P. A. Genoud (Eds.), *L'analyse de cas singulier dans la pratique et la recherche psycho*-sociales. Bases – méthodes – applications. Collection Santé Psycho-Sociale. Coburg : Edition ZKS-Verlag.

Reicherts, M., Pauls, H., Rossier, L. & Haymoz, S. (2012). L'Ouverture émotionnelle dans les interventions psychologiques. Bases conceptuelles et éléments pratiques. In M. Reicherts, P. A. Genoud & G. Zimmermann (éds.), *L'Ouverture émotionnelle – une nouvelle approche du vécu et du traitement émotionnels* (pp. 199-214). Bruxelles : Mardaga.

Reicherts, M., Salamin, V., Maggiori, C. & Pauls, K. (2007). The Learning Affect Monitor (LAM) : A computer-based system integrating dimensional and discrete assessment of affective states in daily life. *European Journal of Psychological Assessment, 23* (4), 268-277.

Reicherts, M., Salamin, V., Maggiori, C., Pauls, K., Hulmann, C. & Walther, T. (2008). *Manuel de l'utilisation du „Learning Affect Monitor" : LAM-DOE (Version 2)*. Fribourg : Université, Département de Psychologie.

Reicherts, M., Genoud, P. A. & Zimmermann, G. (éds.). (2012). *L'Ouverture émotionnelle – une nouvelle approche du vécu et du traitement émotionnels*. Bruxelles : Mardaga.

Russell, J. A. (2003). Core affect and the psychological construction of emotion. *Psychological Review, 110*, 145-172.

Russell, J. A. & Feldman Barrett, L. (1999). Core affect, prototypical emotional episodes, and other things called emotion: Dissecting the elephant. *Journal of Personality and Social Psychology, 76*, 805-819.

Scherer, K. R. (1994a). *Toward a Concept of "Modal Emotions"*. In. P. Ekman & R. J. Davison (Eds.), *The nature of emotion: Fundamental questions* (pp. 25-31). Oxford : Oxford University Press.

Scherer, K. R. (1994b). An Emotion's Occurrence Depends on the Relevance of an Event to the Organism's Goal/Need Hierarchy. In P. Ekman & R. J. Davison (Eds.), *The nature of emotion : Fundamental questions* (pp. 227-231). Oxford : Oxford University Press.

Scherer, K. R. (2005). What are Emotions ? And how can they be measured ? *Social Science Information, 44*, 695-729.

Siemer, M., Mauss, I. & Gross, J. J. (2007). Same situation – different emotions : How appraisals shape our emotions. *Emotion, 7*, 592-600.

www.ingramcontent.com/pod-product-compliance
Lightning Source LLC
Chambersburg PA
CBHW080613230426
43664CB00019B/2876